家屋、貿易與歷史

臺灣與砂勞越人類學研究論文集

蔣斌

1980年暮春五月天的屏東三地門大社部落的造訪記憶仍然清晰，還沒有「後現代」、遑論「新自由主義」（neoliberalism）的浪潮襲入，台灣人類學教學與田野現場依舊是結構主義與衝突理論當道，蔣斌從當時碩士論文田野以排灣族貴族階序中人對於口傳版本操作、競爭與妥協的研究至今，無論是社會文化體系或是排灣族群的關注與身影，持續至今已超過40年。

這本專書「家屋、貿易與歷史」收錄過去十幾年期間，蔣斌老師看起來時空田野各異的6篇人類學著作，其實內容正是一貫地彰顯出他對於跨文化比較性研究與理論探討的企圖心，我們非常榮幸得以與他合作出版。作者採用李維史陀（Claude Lévi-Strauss）的「屋社會」理論，意圖探討台灣階層化排灣族社會以及島嶼東南亞族群的家與家屋、人群和屋社會以及環境的背後深層結構關係，不但延續二戰後中央研究院學者對排灣族研究的基礎，範圍更擴及於印尼砂勞越、加里曼丹等地區的田野工作，提供華語文地區人類學關於達雅克（Dayak）族群的Iban、Kayan、Kenyah、Kelabit等社會文化中農業、生計、身分威望等社會實踐之重要民族學讀本，更進一步論述上述田野對象與國家、與當地華人之間的政治經濟互動模式，從個體、家庭、社會三者之間的關係建構東南亞族群互動關係理解，帶領我們一起探索「東南亞」這個看似熟悉卻又陌生的南島世界。

本書的付梓與史前館常設展廳即將在2023年重新開放一樣令人期待，史前館從1990年成立籌備處、2002年正式開館服務迄於2020年中，我們啟動建築景觀與展示更新工程而暫停對外營運，獲得重新審視博物館定位的機會，確認這座博物館是為社會而存續的角度來開展更新內涵。廿多年來台灣社會變遷迅速，土地與人群歷史認知斷裂與認同問題受到極大關注，各界對於文化權及其主體

性、敘事權力及其目的、主位與客位觀點……等等各個涉及轉型正義及逆寫可能性的反省迭生，讓我們期許這座館要成為台灣最具有縱深，也最有當代性的博物館，成為文化價值倡議甚至社會運動的平台。

儘管我們從書名似乎辨識這是本偏向探討社會文化體系的專書，但是我們從討論Kenyah族人持有的銅鑼、砂勞越人的燕窩兩篇專文中，讀到正是關於物與物性的研究使得博物館不會只是個物件展陳的場域，更是個要為民眾共創當代視野詮釋與意義的重要場域。因而我也將博物館的出版業務重新規劃，將其與研究與展示教育整合，整體為了貢獻於博物館作為知識生產者的角色，在重新開館此際有幸邀請得王嵩山、蔣斌、蔡政良三位教授之專著出版，也期待考古學門、博物館學、甚至重要資料彙編等的專書可以陸續接棒，並與常設展展示廳中各種議題延伸成論壇（forum）的特展互相輝映，帶出回應社會需要、有社會影響力的博物館。

國立臺灣史前文化博物館館長　王長華

2023/4

這本論文集收錄了個人過去十多年間對於臺灣原住民排灣族（the Paiwan）以及砂勞越伊班族（the Iban）、加央族（the Kayan）以及肯亞族（the Kenyah）的人類學研究論文。臺灣原住民與島嶼東南亞以及大洋洲的多數族群同屬於南島語族（the Austronesian linguistic family），在語言學與考古學的研究上，學者公認臺灣是南島語族最古老的分布地之一，或者是可能的原鄉（Bellwood 1985, 1995; Blust 1984）。但是在民族誌以及社會文化人類學的領域中，將臺灣原住民的研究放在南島語族的脈絡中進行探討的著作，仍然不多。這裡的論文，是個人的一些初步嘗試。

以「家屋、貿易與歷史」作為標題，乃是因為這三個主題，涵蓋了收錄的六篇論文的研究主軸。家屋社會（house society）的理論自從法國結構人類學者 C. Lévi-Strauss 提出後，成為島嶼東南亞社會組織研究的核心概念之一，讓人類學者聚焦於家屋如何「型塑」（constitute）而非只是「反映」（reflect）親屬關係以及社會關係的現象，並且開啓了建築空間人類學的研究領域。臺灣的排灣族，傳統上以石板構築單一家庭的家屋，家屋實體本身具有持久性，並且被賦予家名，因此家屋成為基本社會單位，以及歷史記憶的承載媒介。砂勞越各個主要的達雅克（Dayak）族群，則以長屋（long house）的聚落建築型態，聞名於世。但是，在平權的伊班族以及階序的肯亞、加央族之間，在長屋的持久性、內部階序分化、以及是否作為歷史記憶的載體方面，表現出不同的型態。此外，由於長屋與聚落的範圍相重疊，因此在砂勞越，長屋成為整個聚落的社群表徵，這點和排灣族的單獨家庭家屋，形成有趣的對比。

Lévi-Strauss 基於家屋作為一種「物」而具有型塑社會關係的作用，將家屋社會視為「物崇拜」（fetishism）的原型。而在排灣族與砂勞越各族的民族誌實例中，除了家屋這個實體之外，也可以看出流通

的物（貿易品）以及生產的物（農耕作物），在型塑社會關係上的作用。這一方面涉及貿易品的傳入、保有以及如何被在地社會吸納的問題。海洋貿易在東南亞地區具有久遠的歷史，並且和在地族群的社會形構，具有密切的關聯。包括對於貿易樞紐的掌控，如何成為社會階序的基礎，以及貿易品如何轉化為儀禮物，繼而鞏固社會的建構兩個面向。另一方面，對於砂勞越的伊班族而言，稻作農業的型態，除了生態適應上因地制宜的特性之外，也具有儀禮的意義，而成為長屋社會建構中重要的部份。

在本書的各篇文章中，第一篇〈臺灣排灣族的家屋與社會構成〉一文，綜合描述了臺灣排灣族的家族結構、家族繼承、家屋構造以及社會階序的關係。其中特別和Lévi-Strauss所提出的「家屋是父系與母系、血親與姻親、同胞與配偶等矛盾原則的超越、統合與化解」的論點，進行對話。

如果說〈臺灣排灣族的家屋與社會構成〉比較著重在傳統民族誌的保存與呈現，第二篇〈從口述到書寫的歷史：臺灣原住民排灣族G村部落誌的撰寫與競爭對話〉這篇論文，則是探討當代臺灣在原住民各族如火如荼的歷史書寫運動中，在親自參與撰寫地方誌的經驗中，根據觀察所見，鋪陳排灣族以貴族家系為軸心的歷史記憶，如何在口述歷史被書寫成為文本的過程中，呈現出不同的版本，凸顯出以家名、事蹟、論述脈絡與論述者的差異，所形成彼此間的競合關係。

在東南亞人類學與歷史學的研究當中，有一個長久以來的「常規智慧」（conventional wisdom），簡單來說就是區分低地與高地，或者海岸與內陸，或者河流下游與河流上游，這兩個地理環境區域。而且這兩個區域，又對應到兩種生計形態，以及兩種政治型態。一般來說，低地／海岸／下游的人們比較多進行水田稻作，並且比較多

屬於王朝的子民；高地／內陸／上游的人們比較多進行山田燒墾，並且比較多保持部落型態，不固定屬於某一個王朝。但是東南亞的民族誌，往往就是會存在出人意表的例外案例。在第三篇〈砂勞越的旱田、澤田與水田：演化階段？技術類型？還是因地制宜？〉文中，我就用砂勞越伊班族以及Kelabit族的稻作農業不同的方式，論證我們不應該將這這三種農業，視為涇渭分明的類型，或者背後對應著不同社會複雜度的三個演化階段。我希望證明：在砂勞越的例子中，這三種方式，彼此間轉換的門檻很低，技術細節的共通性很高，三者往往並行不悖，取捨間主要是因地制宜的考量。同時，不論在伊班族或是Kelabit族的社會中，農業的技術偏好，都有社會聲望的考量因素在內，而非單純的糧食經濟問題。

接著第四篇〈喧天的鑼與沈默的鑼：砂勞越峇南河中游Kenyah族生命儀禮中的銅鑼〉，企圖探討Kenyah族人對於透過跨族群貿易輸入的鑼，如何賦予價值。而透過鑼在生命儀禮中的使用方式，呈現出價值在於它的兩個物質特性：沁涼與發聲。而這兩個特性，在Kenyah人的生命儀禮以及背後的人生觀及宇宙觀中，各有其重要的位置。同時鑼聲更具有聽覺層次的屏障作用，可以在重要祭儀的場合，在聽覺上隔離出需要的神聖空間。

其次第五篇，〈岩燕之涎與筵宴之鮮：東南亞燕窩的商品價值與社會生產關係〉一文，首先探討在中國消費者心中，燕窩的價值何在，論證中醫文獻如何一步步在自己的知識體系中，為這個外來珍品找到位置，建立其價值。這個案例可以用來和人類學中既有的價值理論（theories of value）對話。因為燕窩價值的產生，表面上是來自稀缺性（scarcity）與需求（demand），但是中國消費者對於燕窩價值的認定，其實很重要的是認知到以及想像出燕窩生產背後的勞動

力，因此勞動力的價值理論，在燕窩的例子上呈現出一個轉折：就是勞動力本身並不直接產生價值，而是要透過文化體系（在這裡涉及的是中醫藥體系）的認定並賦予意義，勞動力才得以成為價值的內涵。這篇文章的後半段，則透過砂勞越兩個燕窩產地的比較，一個是多族群開放競爭的場域，另一個是階序化族群中貴族的壟斷，呈現出不同的生產關係，以及不同的產業前景。

第六篇〈「張」長屋（Rumah Chang）：一個砂勞越伊班族的長屋社群、歷史與區域貿易關係初探〉則是深入探討前一篇中從事燕窩生產的兩個社群中的一個。但是探討的觀點，從燕窩產業本身，轉為這個伊班族長屋社群如何看待燕窩產業，以及如何將自己在這個產銷鍊中原本不利的地位，轉換成優勢，並且將參與在此產業中的商品經濟收益，轉換成為社群的核心象徵──長屋──的美化，從而實現了社會的生產與再生產。在當代人類學關注的全球化議題中，往往強調地方社群的「能動性」（agency），認為面對巨大的全球化勢力的籠罩與碾壓，地方社群其實並不是完全弱勢無力的一群，而是有自己來自傳統文化的能力，或者用來自傳統文化的觀念系統，反抗或者至少過濾、詮釋這個基本上來自市場機制的勢力。

臺灣當代的社會大眾與知識階層，整體來說對於我們的近鄰東南亞，其實相當陌生，即便是多數媒體琅琅上口的「南向政策」或者「臺灣原住民是南島民族的源頭」等等論述，甚囂塵上。但是要說到真正對於東南亞，特別是島嶼東南亞的社會文化，在細節上仍然認識有限。希望這本小書當中的文章，能在這個方面引起大家的興趣，進一步花時間了解我們臺灣原住民，以及他們在區域上的文化親戚：島嶼東南亞，所擁有的豐富而且多采多姿的文化樣貌。

目次

臺灣排灣族的
家屋與社會構成

01

前言

這篇論文企圖在人類學理論發展史的脈絡中，討論學界對於臺灣排灣族社會基本構成原則的不同解讀。排灣族社會缺乏單系繼嗣原則（unilineal descent），而有鮮明的社會階序（social hierarchy）區分。針對這兩項特點，從20世紀初葉以來，已經累積了不少系統性民族誌的記載。但是不同時代的人類學理論概念，仍然明顯地左右了我們對於排灣族這兩項社會構成原理的認識。下文會首先簡短回顧人類學文獻中對於排灣族社會的各種理解角度，然後提出源自法國結構人類學者 C. Lévi-Strauss（1983; 1987）的「家屋社會」（House Society）的概念，如何有助於我們更中肯且準確地理解排灣族社會。

排灣族是當代臺灣原住民族群之一，世居在臺灣中央山脈南段東西兩側山坡至山腳的地帶，形成70多個自然村落，絕大多數的聚落都分布在海拔1,000公尺以下的山坡及山腳地帶。根據2010年的統計資料，[1]全族人口為8萬8千多人。和所有其他臺灣原住民族一樣，排灣族的語言屬於南島語族（The Austronesian Family）的一支；也和所有臺灣本島的原住民族一樣，傳統的生計方式是以芋頭及小米為主要作物的山田燒墾，輔以狩獵與畜養。

但是，除了這些臺灣原住民的文化共通性之外，排灣族也有其文化表現上的獨特性。不論是一個世紀以來排灣民族誌的圖文寫真，或者是當代充滿主體性的族群意象在各類媒體上的呈現，排灣族都以一套視覺上異常絢麗的物質文化，吸引著研究者的注意，同時也挑動著閱聽大眾的浪漫想像。但是，這些物質文化或者「裝飾藝術」上的表現，並不僅僅具有物質或藝術層面的意義。它們和排灣族的兩個至為重要的社會構成原則密切的相關。其一是由世襲性質的「貴族頭目」與「平民」兩個階級構成的社會階序制度；其二是以長嗣繼承原則為核心的家系制度。

舊七佳傳統排灣族家屋

排灣族的「傳統」[2]服飾異常華麗，除了使用土產的麻、毛皮、鷹羽、獸牙等材料之外，更大量地使用外來珍品例如絲絨、棉布、毛線、嗶嘰、玻璃、銀、銅、子安貝等等，透過刺繡、珠繡、夾織、貼飾等各種技術，精工製作出繁複的圖案紋樣。而不論是這些珍貴物品的流通，或者是特定圖案紋樣的使用，都得遵循頗為嚴格的社會階序規範。像是太陽、百步蛇、人頭等特定的紋樣，往往限於社群中的貴族使用，一般平民未經許可不得任意穿戴。也就是說，服飾的特權規範，構成了「人」不同階序地位社會身份的區辨。

排灣族的「傳統」住屋，以石板（板岩）構築，除以木為樑柱之外，舉凡屋頂、地面、牆、臥榻、坐階、前庭、坡坎、露台、聚落通路台階，皆以石板鋪設。石板與地面、石板與木樑柱、石板與石板之間，並不使用任何接著劑，而是純粹依靠石材本身的重量與摩擦力，牢固地堆砌成屋。這樣的住屋，只要保持室內火塘持續的煙薰，或者必要時抽換遭蛀食的樑柱，耐久性往往可達七、八十年以上。但是另一方面，由於建材具有完全可拆卸的特性，因此在必要時（主要是家的合併或擴建，後詳），也很容易將牆、瓦、鋪面拆卸重新利用。此外，排灣族的家屋也高度具有社會階序地位的區辨作用。一個聚落中，貴族頭目的家屋，往往較平民家為大，並且擁有寬敞的前庭。最高階的頭目，前庭會設立「司令台」，台上有2公尺或更高的獨立石柱，柱下設石凳，為聚會時頭目的座席。貴族的家屋在簷桁、室內中柱、司令台石柱、甚至門窗上，常施以人形、人頭形、百步蛇或其他獸形圖案的浮雕，平民除極少數勇士或創始家系之外，無此特權。因此不論是居民或是訪客，走進一個傳統的排灣聚落，都不難從外觀上，區辨出貴族家屋與平民家屋的不同。因此「屋」的外觀，構成「家」階序地位的辨識依據。此外，由於石材的耐久性，一個聚落如果因為各種理由他遷，聚落廢址多年後即使在荒煙蔓草中，仍然清晰可辨。這使得聚落以及家屋的舊址，成為排灣族歷史記憶附著在地景上的重要憑藉。

以下，作者將進一步討論，不同時期與不同理論取向的人類學者如何解讀這個同時具有物質文化意義以及社會生產與再生產意義的排灣族家屋。以及如何透過家屋的分析，探討排灣族的基本社會構成原則。至於排灣族社會構成的第二項重要特徵：社會階序制度，限於篇幅以及本書主題，將在他處另文討論。

非單系社會的家系延續

系統性的排灣族民族誌資料，最早見於日治時期臺灣總督府臨時臺灣舊慣調查會所編纂，1920 年出版的《番族慣習調查報告書》。其中對於排灣族「家」的制度，分為「繼承法」、「組織」以及「家名」三個面向，加以說明（中央研究院民族學研究所 2003: 14）。排灣語稱家屋為 umaq，這是南島語族中非常普遍的指稱「家」或「家屋」的詞彙。在繼承法方面：

> 本族之家如同日本承認家長繼承般，每代由一嗣子／女繼承之，……而其男女當中以最年長者為嗣子／女。各番通行若女子為嗣女時，即迎另一家男子為夫，但是家中主宰依然屬該嗣女，其夫不過輔佐者而已。這正如以男性為嗣子時，即使取另一家女子為妻，男子依然為一家之主宰，其妻為輔佐人。

在組織方面：

> 本族之家的組織頗為單純，並未形成數世同居的複雜家族團體，此乃因嗣子／女以外之子女，皆因婚姻而離家之故。

而尤其值得注意的是在家名方面：

本族之家皆有其表示記號，此稱為家名。家中成員將家名附於自己的名字之後，如同日本之姓。然而，本族之家名不應被視同在日本般為表示純粹抽象的「家」之記號，勿寧稱其為家屬居住的「家屋」之名較妥當。某人同時擁有數間家屋時，在甲屋稱甲之家名，在乙屋則稱乙之家名。又留守他人之家屋者，僅於留守期間稱該屋之家名。（蔣斌底線）

這幾段文字，雖然書寫於1920年代，而且研究與編撰的著眼點是在於建立「習慣法」總匯，以利殖民統治（陳奇祿1974；劉斌雄1976），而非懷抱驗證理論企圖的人類學論著，但實際上相當精簡而正確地描述了排灣族家的特性，包括：（1）不分性別的長嗣繼承、餘嗣分出；（2）婚後從妻居或從夫居均可，依夫妻雙方何者為長嗣而定，兩位餘嗣結婚，則新建家屋居住；以及最突出的（3）家名雖然可以作為成員辨識標幟之一，但基本上是家屋這幢建築物的名號，婚出新建家屋的人，甚至暫時住在他人家屋中的人，都以「現居」家屋的家名，作為自己的身份標幟。這幾項有關家的排灣族文化原則，在後續的專業民族誌研究中，一再地受到確認；而在族人的日常言談之中，也是如數家珍般清晰的社會規範。

但是，這樣看似一目瞭然的現況描述，對於20世紀中葉的社會文化人類學者而言，卻形成一個不容易掌握的結構上的難題。不分性別的長嗣繼承原則，顯示排灣族沒有執著於單一性別的「單系繼嗣」觀念；家名附著於家屋，而非親屬團體（上引文所說的「純粹抽象的家」），使得家名有別於「姓氏」，無法直接作為超越家戶（household）的更大親屬或繼嗣群（descent group）的集體名號。我們可以說，20世紀初葉到中葉人類學者對於親屬、繼嗣與社會組織的研究，有兩個關注的議題：其一是初級親屬單位（primary kin group）或者家戶如何彼此結合構成更大社會群體（例如繼嗣群）的問題；其二是法人（corporate）是否跨文化地存在於所有人

類社會中，如果是，那麼在非西方社會中，這些在行使權利義務關係（特別是可以作為擁有財產的主體）上類似自然人，但存續穩定性超越自然人壽命的法人團體，是如何形成的？這兩個議題，其實也有內在的關聯性。因為依照當時的理解，大多數非西方社會和西方的古代社會一樣，主要的法人，無非就是依據單系原則所組成的繼嗣群（又以古羅馬的父權家族為典型，例如Maine 1986）。由這個理論的角度出發，當人類學者發現東南亞以及大洋洲眾多南島民族的社會，許多都缺乏類似非洲或古羅馬社會那種可以作為法人團體的大規模單系繼嗣群的時候，就急切的希望能夠發展出新的概念，來解讀這些南島民族的社會，如何不依靠單系繼嗣原則，而能夠滿足上述「構成較大群體」以及「法人團體的延續」兩項要求。Ward Goodenough (1955)指出馬來——玻里尼西（即南島）式的社會組織，由於雙邊（bilateral）或稱血族型（cognatic）的認親法則，無法依據單系原則構成具體分立（discrete）的繼嗣群，但是由於個人同時對父母雙方的親屬群體具備潛在的成員資格，可以依據土地資源多寡的考量，選擇歸屬父方或母方的群體。Goodenough（ibid: 72）提出 "nonunilinear descent group"（非單系繼嗣群）一詞來指稱這種繼嗣群。Raymond Firth (1957)則將玻里尼西亞的繼嗣群分為「固定的」（definitive）與「意欲的」（optative）兩類，所謂「意欲的」也就是個人可以基於居處以及土地利用的考量，選擇歸屬父方或母方的群體。Firth將這種對於父方或母方可擇其一歸屬，選擇後對於雙方在對待上輕重有別的原則，稱為 "ambilaterality"，我國人類學者衛惠林先生將之翻譯為「兩可系」（芮逸夫1989: 165）。

衛惠林先生是20世紀中葉我國人類界最著力於臺灣原住民各族繼嗣制度的比較分析的學者。在一篇分類各族世系制度的論文（衛惠林1958: 6）中，衛先生首先標示排灣族屬於「雙性家系世系社會」（ambilateral residential lineageous societies）。其後在一篇

專論排灣族的宗族組織與階級制度的文章中，衛先生（1960: 72）指出：

> 排灣族的親族組織可以認為臺灣土著諸族中最複雜也是最具特殊性的典型。因為他們的親系法則既非父系，也非母系，而是建立在長系繼嗣與旁系分出的家氏系統制度上。我們稱之為「雙嗣合併家系制」（ambilateral residential lineage）。

在同一篇文章的結論時，衛先生（ibid: 94）又說：

> 排灣族的宗法既不是雙系的（bilateral）也不是單系的（unilinear）而是以家宅為基礎的雙性合併家系制（ambilateral residential form）。<u>此種制度不是以人而是以家宅、家氏為親系的象徵；不以男女系統的取捨而以直系旁系親疏遠近為親系建立原則</u>。（蔣斌底線）

由衛惠林先生文章中引用的文獻就可以看出，當時他使用的概念，受到P. Murdock、W. Goodenough、R. Firth 以及 W. Davenport (1959) 等人對於非單系繼嗣群討論很深的影響。這也表現在他一再使用"ambilateral"這個概念來掌握排灣族的家系傳承原則上。此外，衛先生似乎也始終不懷疑，任何社會中，都應該有繼嗣群（或稱世系群，lineage）存在，而且對於繼嗣群的理解，是掌握該社會基本構成原則的核心。排灣族的家系，在衛先生眼中，就是一種「宗族」，甚至具備中國周代「宗法制度」的特徵，因此也就是一種"lineage"。為此他甚至獨創出"lineageous"這樣少見的詞彙，用來形容排灣族是一個「具有繼嗣群特徵」的社會。衛先生的這些討論，無疑地表現出運用臺灣的民族誌資料，參加當時國際人類學理論思辯核心的宏大學術企圖。但是另一方面，衛先生的專業民族誌素養，很顯然也讓他留意到：排灣族的「此種制度不是以人而是以家宅、家氏

爲親系的象徵」，爲此他不嫌拗口地在定義中又加入了 "residential"
（居處的）這個概念。將衛先生的這個民族誌觀察，和《番族慣習調
查報告書》中對於排灣族家屋與家名的描述相對照，可以看出彼此的
呼應，一致凸顯出排灣族「家」、「屋宅」與「家名」在社會生活中的
核心地位。但是，在中肯貼切的民族誌認識之上，當衛先生試圖進行
理論概念的套用與論辯時，我們卻看到一種左支右絀的情形。排灣族
的家，確實具有延續性，因此可稱爲家系，但是基於不分性別的長嗣
承家餘嗣分出的原則，新建家和夫妻雙方的原家，都具有同等被承
認的親緣關係，造成後嗣成員可以向雙方認親，而無法形成具體分
立的繼嗣群。同時家名固著於家屋，不會被分出的弟妹沿用來指稱
新建的家，因此家名無法成爲原家與分家的共同集體名號。也就是
說，排灣族的家系，在非常根本的層次上，有別於依據單系原則所形
成且具有分支特性（segmentary）的繼嗣群。衛惠林先生沿襲了一
套基本上來自單系繼嗣群研究所發展出來的概念，這些概念雖然經過
大洋洲學者面對非單系繼嗣組織的需要而有所修正，但是仍然受到繼
嗣（descent）觀念根深蒂固的羈絆，在面對排灣族民族誌的時候，
必須疊床架屋地加上 "ambilateral"、"residential" 等等概念詞彙加
以修飾，才算堪用。換句話說，衛先生是努力地拿著排灣族以 umaq
（家）爲核心的民族誌之腳，去適應以 descent（繼嗣）觀念爲藍圖設
計出來的鞋。

本文探討的是排灣族的社會構成，在排灣族研究上著力甚深的衛惠
林先生的著作難免成爲檢討的對象。我們以後見之明，很容易看出
這其實也是 20 世紀中葉以繼嗣理論爲出發點的大多數人類學者，
在研究所謂「非單系社會」時，普遍面臨的窘境。此外，衛惠林先
生能夠在排灣族的分析中，指出「此種制度不是以人而是以家宅、
家氏爲親系的象徵」，也可以說是在回歸本族概念（indigenous
concepts）上，重要的一步。只不過，究竟何謂「不是以人而是以
家宅、家氏爲親系的象徵」？不以人而以家爲親系的象徵，是什麼

樣的社會構成原則？這些問題衛先生受限於當時可用的理論概念工具，並沒有進一步的探討。

家屋社會（house societies）[3]

C. Lévi-Strauss (1982: 163-87)在〈瓜求圖社會組織〉（The Social Organization of the Kwakiutl）[4]一文中首度在出版的著作中提出「家屋社會」的概念。提出的初衷是企圖解決 F. Boas 和 A. Kroeber 在界定北美西北海岸的瓜求圖和加州的尤絡克（Yurok）兩族親屬制度時所遭遇的困難。Lévi-Strauss（ibid.: 173-74）指出，其中的困難「問題比較不在於大師本身，而應該歸咎於當時民族學的固有概念工具中，還沒有家屋的概念，有的只是部族（tribe）、村落（village）、氏族（clan）和世系群（lineage）等概念。」也就是說，當時的研究者配備的概念工具，大多是依據「系性」（lineality）作為親屬體系甚至社會整體分類的準據。但是他們往往會碰到若干民族誌的實例，讓人無法斷定它們是父系、母系還是雙系的社會，因為在這些社會中，經常是好幾個被人類學者認為互不相容的原則同時在運作。Lévi-Strauss 要求我們正視一個事實，就是在這些社會中，社會組織真正的焦點，就是「家屋」本身。他也主張，除了文中作為案例的北美洲土著族群之外，中古歐洲、平安時代之後的日本、古代希臘、以及菲律賓、印尼、美拉尼西亞以及玻里尼西亞的社會，也都顯示類似的情況。

Lévi-Strauss 並沒有為他提出的「家屋」概念提供一個簡明的定義，在他1976年的講稿中（Lévi-Strauss 1987: 151），他指出這個概念基本上和人們說到歐洲的「貴族門閥」（noble house）時使用的"house"一詞具有同樣的意義。只不過他認為同樣的特性，不只出現在歐洲那樣的複雜社會中，在許多無文字社會中，也同樣出現。

這些社會中的「家屋」，所具有的共同特性是（Lévi-Strauss 1982: 174）：

> （它是）一個持有產業（estate）的法人（corporate body），其產業包括物質以及非物質的財富。它透過將名號、財產、頭銜循著一條真實的或想像的家脈（line）傳承下去，以實現自身的永續生存。這個家脈的延續性，只要能夠透過血親或姻親或者兩者並用的語彙來表達，就會被視為具有合法性。

此外，Lévi-Strauss 提出家屋社會的概念，最初是由於人類學者無法使用父系及母系這樣的概念，全盤掌握瓜求圖及尤絡克這樣的社會。因為這些社會中，往往是多重原則並行的。Lévi-Strauss（1982: 184）說：

> 家屋可以說是一個包容並超越多種二元對立原則的文化範疇，社會集體生活中不相容的原則——父系／母系、親緣／居處、昇級婚／降級婚、近婚／遠婚、世襲／成就——家屋都加以統合，並且表達出一種對矛盾的超越。

從上引文中我們看到：Lévi-Strauss 似乎開宗明義地強調了家屋的法人性質，家屋作為產業（包括物質與非物質的）的持有者，乃是界定或建構人群社會關係的一項重要基礎。但是，如果我們回顧他 1977 到 1978 年[5]以幾個印尼社會為例的講稿（Lévi-Strauss 1987: 153-59），就會發現他在文中進一步區分了「法人」（corporate）在英國學界與法國學界的不同意義。英國的傳統延續自 Henry Maine 1861 年出版的《古代法律》（Ancient Law）一書，對於「法人」的理解，基本上是視之為「法人集體」（corporate aggregate），也就是強調「法人乃由個人集結而成」的面向。但是對於法國學界而言，這個「由個人集結而成」的部份只是一個偽像（make believe），他們認知的是「法人獨體」（corporate sole），也就是無須以「個人的集結」爲基礎，而是由法律或道德、文化的建構即足以存在的，且與自然人相同，得以行使權利義務關係的獨立單位。在這篇講稿中，Lévi-Strauss以婆羅洲的幾個「血族型」（cognatic）社會的民族誌爲例，說明在這些社會中，雖然家庭（family）無疑是具體的社會單位，但是在繼嗣、財產與居處法則上，都沒有固定的規則可言。因此人類學者如果專注於在繼嗣、財產與居處上，尋找人群賴以集結或組織起來的某種「客觀存在的底層規則」（objective substratum），將難免一無所獲。但與此同時，這些民族誌材料卻清楚地呈現出來，夫妻關係，也就是聯姻關係，才是這些社會中家庭與親類（kindred）關係眞正的滋味之所在。進一步來說，在這些社會中，聯姻關係具有正面與負面兩重的意義：就正面而言，它是一個統合的原則，夫妻的結合乃是家屋結構形成的先決條件；但是就負面而言，聯姻也總是導致夫妻雙方原家之間的對立，在婚後居處從父或從母的選擇、繼承何方的財產、延續那一方的家脈等議題上，在兩個原家之間，造成緊張。而這種對立或緊張的社會關係，就是透過家屋來獲得表達。也就是說，家屋實際上是這種聯姻關係（包括上述正負兩重意義）的「客體化」（objectification）。就這個理論觀點而言，人類學者的任務，就應該從尋找「客觀存在的底層規則」，轉向爲解讀「社會關係的客體化」（objectification of a relation）。這個客體化的實物，就是家屋。也因此，Lévi-Strauss認爲，我們根本可以沿用Karl Marx用來理解商品（commodity）的同樣意義，將家屋視爲一種「物崇拜」（fetishism）。只不過，就家屋而言，這個「物」表達或反映的，不是「生產者」（producers）之間的關係，而是「生殖者」（reproducers）之間的關係。

Lévi-Strauss提出家屋社會的概念後，引發的最大迴響，來自島嶼東南亞社會的研究者（例如Fox 1980; Macdonald 1987;

Errington 1989; McKinnon 1991; Waterson 1990; Fox 1993; Carsten & Hugh-Jones 1995）。東南亞地區豐富的家屋建築形式，早已受到學者的注意（例如 Izikowitz & Sørensen 1982）；而家屋的空間與建築象徵意義的人類學分析，也有 C. Cunningham (1964) 的經典研究在前。因此 Lévi-Strauss 提出：家屋做爲一種包容並超越二元對立原則的文化範疇，對外表現出統一性的「社會關係的客體化」觀點後，家屋的建築物特性，就受到東南亞研究學者的關注。James Fox (1980: 11-12) 就說：

> 在東印尼，家屋是一種很基本的文化範疇，常被用來指稱一個特定社會單位。雖然在指涉的範圍大小上，有很大的彈性，但也有某些共同的伴隨特性。家屋在本意上，就意含著某種地方化（localization）或者起源（origin）的觀念，而這種觀念歸根究底是聚焦在一個特定的物質結構（physical structure）上。

Roxana Waterson (1990: xv-xvii; 138) 更進一步主張，要了解某個東南亞社會的構成原則，不二法門是先得了解這個社會的家屋的建築本身：

> 建築並不只是提供棲身之處，而是創造了一個社會和象徵的空間，這個空間不只反映而且型塑了它建造者與居民的世界觀。有人居住的空間永遠不會是中性的；它們都是這種或那類的文化建構。任何文化中的任何建築物都勢必承載著象徵的意涵。因此家屋是一個小宇宙，透過它的格局配置、結構、與裝飾，反映著居民理想中的自然與社會的秩序。

> 歸根究底來說，人和家屋之間的互相界定，提供我們了解東南亞家屋真正的鎖鑰。另一方面，我也相信，許多親屬體

系分析上的問題，如果我們將它們視為以家屋為基礎的體系（house-based system），這些問題也都可以獲得澄清。對於這些親屬體系中許多不規則的現象，唯有當我們逆向思考，將家屋本身視為這個體系的決定因素，才能獲得理解。（原文底線）

延續著這個理論的走向，到了Janet Carsten和Stephen Hugh-Jones (1995)合編的《關於家屋》（About the House）一書時，就進一步的提出對於Lévi-Strauss的超越，應該是走向建築人類學（anthropology of architecture）以及身體人類學（anthropology of the body）的方向了（何翠萍2011: 305）。其實，自從系統性的民族誌研究方法肇建以來，研究者對於各個民族的建築形式、工法、建材等項目，以及和人身有關的服飾、毀形、生育觀念與習俗，多數視為標準化的記錄項目。但是，發展到這個階段，在Lévi-Strauss所提出的家屋社會的理論觀念引導下，所謂「建築人類學」以及「身體人類學」，目標自然就不再僅僅是物質文化或生育習俗的描述，而是著眼於家屋（以及其他類型的）建築，以及人與身體，如何作為社會關係的體現（embodiment），或者具有建構（construct）社會關係的作用這些層次上。

北部排灣族家屋的空間配置[6]

傳統上排灣族聚落多數建築在山腹坡度較緩的基地上，地形最好易守難攻，並需有相當高度、通風良好以減輕疫病威脅。家屋背山面谷成行平行排列。河谷迂迴蜿蜒，建村地點需符合上述要求，故家屋座落方向與方位基點（cardinal points）、日出日落方向、甚至與族群起源傳說上有重要意義的大武山之間，都沒有固定的對應。家屋方位上固定的點，只有「背山方向」（i-zaya）「面谷方向」

北排灣大社村 Dalimalao 家屋

（*i-lauz*）這兩個遍存於南島民族語彙中的觀念（李壬癸1979）：除非建築基地的地形及位置極不理想，否則家屋總是後牆背山、開門面谷。家屋內部的空間配置與各類設施的位置，就前後而言，關係相當固定，比方說靈龕一定設於後牆，主柱也相對位於接近後牆的位置，臥榻一定位於家屋前方，緊靠前牆內側。但是，就左右而言，則彼此間雖然存在固定的「相關位置」，例如入口相對於火塘、廁所及豬圈，一定位於相反的兩邊。但是面對家屋時，何者在左、何者在右，就沒有一定的規則。個別家屋的內部配置，可以發生鏡影般倒轉的情形。

傳統的北部排灣族家屋是以板岩、頁岩與木材建造的不對稱山牆式建築。以板岩為屋頂、前牆、主柱、地板、墓穴內壁、座椅、寢台、內部隔間及建築上的細節，以頁岩為兩側的山牆與後牆，木材則用作椽樑、天花板（如果有的話）、門窗、簷桁及主柱上的雕刻。一般而言，頭目階級的家屋在空間上大於平民，所使用的建築材料如石板與木料，在規格上亦較平民家屋使用者為大。一方面藉異於一般的寬大家屋昭示其權力與地位，一方面也因為擁有寬大的前庭做為村民聚集處，而突顯其為該社會及儀式中心的所在。平民的家屋略小略矮，除有特殊功績的家外一般無紋飾，但在型制上並無不同。

在此以中北部排灣族來義村（*Tjaljaqavus*）大頭目Ruvaniau家的舊家屋，依據該家當家頭目高武安先生（*Tjevuluan Ruvaniau*）的口述所復原的家屋平面圖作為實例，加以說明。[7]其家屋內主要的空間及建築元素，依次分述如下：

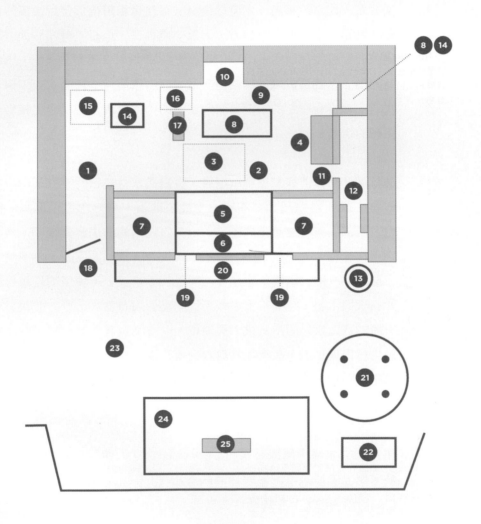

❶ si-ki-palits

意譯為「轉彎的地方」。為進門之後，轉進起居室時的空間。

❷ asingtan（pu-laulau-an）起居室

為屋內之主要空間，一般屋內的日常活動都在此進行。

❸ luvang 墓穴

排灣族約在1930年代（Tang 1971: 10; 末成道男1973）遭到日本政府禁止之前，採行室內葬。一般住屋建造之初，會在asingtan地面預掘墓穴，稱為luvang。墓為方形，每邊約90-120公分，深約150-270公分。家人過世後，屍體以屈肢蹲踞姿態豎直置入。墓穴上方並非禁忌場所，家人生活起居如常。一般而言，善死者無分男女皆葬在同一墓穴中。大部份部落對於出生未滿兩歲，尚未通過「成長禮」（sman-vuluvulung）的幼兒，和成人的墓穴有別，葬在tala下面（亦見許功明1993：407）。

❹ a-vua-vua-n

字面直譯為「燒火之後的餘燼」，原指灶中間有灰燼的地方，後引申為灶及其周圍的空間。一般都在此炊煮與用餐。兼具廚房及餐廳的功能。該區位於asingtan旁，兩個空間並無實質物體區隔。a-vua-vua-n的上方，懸掛獵具。獵具多為鐵器，長期以炊煙薰之，可防鏽蝕。

❺ tala 寢室

為一較asingtan高起約20公分的平台。鋪設有石板。短邊兩端又各有石板臥榻（ereng-an）。在ereng-an與asingtan之間，有稱為pu-tsailalap-an之石板由地板到屋頂加以屏擋，除此之外，tala與asingtan之間，則無任何隔間，而可相互通視。在床位的使用上，一般而言並無定制或禁忌。但大多是成人睡ereng-an，兒童在tala上鋪月桃蓆而眠。遇有客人來訪，若床位不夠，則主人會將ereng-an讓給客人，另鋪月桃蓆睡於tala上。ereng-an與asingtan之間以及與si-kipalits之間的石板牆上掛有武器，在有安全顧慮的年代，便利隨時取用。

❻ pa-sa-lauz為tala 靠前牆窗下的石板座台

中空而可作儲藏空間。常作為婦女從事縫紉刺繡等手藝，以及較親近的親友來訪時的談話場所。

❼ ereng-an即tala兩邊的臥榻

為較tala又高約1尺的石板平臺。睡眠位置安排並不嚴格，但通常夫婦同睡一邊，年輕男子常睡靠si-ki-palits一側，接近整個家屋的入口及pu-tsailalap-an上掛的武器，以為保護。

❽ salang 箱形穀倉

由石板所組立，先放石板，靠近短邊兩端處放木條架高，其上鋪放木板、月桃蓆。salang內儲放小米、地瓜與芋頭等各種作物。作物間以月桃蓆予以區隔。本圖例有兩個salang，只有一個時，多設在靠近中央緊鄰主柱處。

❾ pu-zaya-zayan龕前淨道

為主屋內主要的禁忌空間。位於主屋後半部，以salang作為與主屋內其他空間的阻隔。後牆上設有靈龕tavi。當日食用過稻米、米製品，飲用過（市面販售的）米酒等平地食物的人，不可進入。或說一般人禁止進入pu-zaya-zayan，只有在每年一度祈求平安、豐收時，家長、祭司或女巫可以進入。

❿ tavi靈龕

為家中「守護神」（quma-an）所在之處。位於pu-zaya-zayan龕前淨道之後牆上。一般而言一家擁有一個tavi，但頭目家與祭司巫師家可能擁有2至3個。tavi主要儲放陶壺與祭祀用具等神聖物品。

⓫ si-djalun-atsang 意譯為「到豬舍的地方」（atsang豬）

也是「上到廁所的地方」。為由asingtan上到廁所兼豬舍的pu-atsang-an所經之階梯。

12 pu-atsang-an 廁所兼豬圈
由 si-djalun-atsang 進入，踏上側邊外牆及與其相對的牆上高約90公分處之踏板，即為解手的場所。踏板下的空間為豬圈。pu-atsang-an 與 a-vua-vua-n 間有石板相隔。

13 di-aduvul-an 穢物池
pu-atsang-an 之地板面由後往前向下傾斜，以利使用完廁所後，穢物可順利流到屋前戶外的 di-aduvul-an。有些有以石板為蓋，有些則無。

14 pa-pu-lamien
（sava, a-pu-mang-an, i-tsilius）
儲藏空間
在主屋內並無一定的位置，一般多在家屋入口的對角處，亦即 salang 與 pu-atsang-an 相鄰處。也有設置於入口旁，靠近 ereng-an 的地方。

15 有禁忌（palisi）的埋葬位置
如果家人中有擔任女巫者，因生前多與神靈接觸而身份貴重，需要埋在與家屋後壁相接處的地下，不易為人踩踏的地方，與一般家人分開（小島由道1921: 259-260）。

16 放置新生嬰兒胞衣及臍帶的位置
新生兒出生後，將胞衣裝入瓢內，在主柱後旁人不易行走踐踏到的地方，挖穴掩埋。臍帶則在產後五、六日脫落後，放入小竹筒，再將小竹筒放入月桃小籠後吊在樑上，或用布包之後藏在石壁內面右側之孔，待小孩長大後取出投擲屋頂之上（中央研究院民族學研究所2003；亦見石磊1971: 95；許功明1993: 405）。

17 tsukes 主柱（祖柱）
在來義通常以石板為材，其他部落則普遍使用木柱，支撐大樑。跨距特別大的家屋設有一根以上。貴族家可以在柱上雕刻人像，或以木板柱雕刻人像後立附於石柱上。有些部落在柱前設有座椅分別供頭目、長老使用。

18 paling 門
亦有使用上的禁忌，凡平地人傳入的物品皆不可由門進入。若欲將平地人傳入的物品拿進屋內，需由窗戶取入。

19 ezung 窗
通常在正面設兩個。供 tala 及 ereng-an 區域採光。

20 liti-liting 前簷下的遮蔭處
通常設有石板座台。是天氣好時製作器物及社交的空間。村中日常的社交，尤其是婦女，經常可以看到主人坐在室內的 pa-sa-lauz 石板上，串門子的訪客則坐在室外簷下的石板座台上，隔著敞開的窗戶一面作手工活，一面聊天。

21 kubaw 室外穀倉
係立於柱上，下設防鼠板的半球型建築。通常室內穀倉不敷使用時，才在自家土地上另行搭建。

22 tazare
曬芋頭或月桃的竹製曬台。

23 ka-tsasav-an 前庭
對一般人家而言，前庭兼具社交（造訪、婚禮、慶典）、生產（編籃、編織、刺繡、製作工具）及儲藏（石板、柴薪）等作用。

24 kaljuvuljuvung 司令台
設於主要頭目家的前庭，部屬集會時，頭目訓話或歇坐的位置。

25 saulaulai 石柱或稱石表
為約兩公尺高的獨立石柱，其下設有頭目的座位。前庭的司令台以及石柱，可以說是區辨頭目系最明顯的兩個標幟。

1990年代排灣族來義村已故高武安頭目（Tjivurungan Ruvaniyav）率領舊社考察隊前往舊來義，抵達舊家屋後立刻在屋前石柱就坐，接待來訪賓客。

1980年代排灣族來義村羅法尼耀（Ruvaniyav）頭目家舊家屋

排灣族的家屋與社會過程

基於上述「長嗣承家、餘嗣分出另建新家」的原則，排灣族家中的長嗣，從出生的那一刻開始，就享有繼承全部家產以及家系地位的權利。一般的情形下，餘嗣無法實質上分得原家（出生之家）的產業。但是在弟妹結婚需要新建家屋之時，長兄或長姊也有義務在鳩工集料的花費上，提供協助。新家屋建成後，原家的長嗣也要透過提供火塘中的火種給新家的火塘，以及從原家的穀倉中提供新家第一次播種所需要的小米種子等習俗，贊助啟動新家的生產與生活，並且彰顯原家與新家之間的關聯。實際上，排灣語稱長嗣為 vusam，這個詞原意就是「小米種」，即每次小米收成後，選取最肥美的粟株，儲存起來作為次年播種之用。用小米種的詞與以及概念稱呼具有「當家者」身份的長兄長姊，充分的表達出在排灣族的觀念中，原家對於新家，具有類似播種、繁衍的意義。原家等於是社會的種子或源頭，排灣族的生生不息，就是透過留在原家的兄姊，資助分出的弟妹建立新家，像粟種生出新粟的過程一樣，得到實現。

由上述的這個過程我們很可以說：新家因婚姻而得以建立。這個簡單的論斷不能說錯，但是卻不足以彰顯排灣族家的建立背後，更細緻的邏輯。在一篇探討排灣族的離婚率與財產觀念的文章中，唐美君（Tang 1966）發現：根據統計，排灣族人的離婚率平均高於所有其他臺灣原住民族群。在來義村，現婚而年在35歲以上的人，有離婚經驗者佔三分之一以上。而這個高離婚率，其實和排灣族的財產觀念，有密切的關聯。排灣族的婚姻中，夫妻雙方對於在結婚時所攜往新家的個人財產（包括衣飾、珠寶、工具、器用等），保持錙銖必較的區分。夫妻對於對方的個人財產，可以使用，但絕對沒有處分的權利，也沒有「共同持有」的觀念。然而一旦有長嗣誕生，則所有財產（包括家屋）在名義上都立刻歸長嗣所有。如果在長嗣出生前，夫妻決定離婚，由於個人財產並未合併，可以相當輕易的各自收

拾細軟，回歸原家。甚至在新建家屋的情況下，也可以拆毀家屋，均分木石建材。但是，一旦長嗣出生，則表示家屋已有新的主人，夫妻攜來的個人財物，也都屬於該新家屋的嗣子／女所有。有長嗣後，如果夫妻決定離婚，離家的一方只能攜帶極少量的個人物品離去。由此可見，即使在新建家屋的婚姻中，建家的夫妻仍然不是新家真正的主人，真正的主人乃是該次婚姻所生的長嗣。

由另一個角度來驗證這個觀念，我們也可以從民族誌材料中看到（例如 Chiang 1993）：在同一人的多次婚姻實例中，按照族人的觀念，理應是每一次有嗣的婚姻，都該產生一幢新的家屋。生於1922年的LA[8]先生原本是P村BQ家的長嗣，繼承了父母的家屋。他在1946年第一次結婚。和第一任妻子LS生有4個子女。1962年他們的長子21歲時，2人離異，第一任妻子LS遷往再婚丈夫（亦為長嗣）家居住。LA再娶第二任妻子MS。由於當時第一次婚姻的長子仍然未婚，於是LA與MS繼續住在BQ家屋中。這次的婚姻持續了8年，2人沒有產生子嗣，亦以離異告終。1970年LA第三次結婚，和第三任妻子UL起初仍然住在BQ家屋中。1979年LA與UL的長嗣出生，於是2人立刻決定遷出，購置了P村另一家人他遷而閒置的名叫PG的家屋，而將BQ家屋留給第一次婚姻的長嗣，因為第一次婚姻的長嗣，才是BQ家屋真正的主人。而LA和UL也有義務要為他們這次的婚姻所產生的長嗣，留下一幢屬於這位長嗣的家屋。

除了上述唐美君先生的研究所發現，排灣族新婚尚無子嗣的夫妻，離婚率高於平均之外，其實從青壯年到中老年人的年齡層，離婚及再婚的情況，也並不罕見。前述LA先生的多次婚姻，基本上相當受到第一次婚姻子女的認可。在1970年代末，同樣P村的另一位UA女士，在經歷喪偶的花甲之年，決定和青梅竹馬的戀人，同村同樣喪偶的SC老先生再續前緣，初時卻是遭到長子PL的反對。PL當時擔任民選的村長，同時是基督教長老會虔誠的教友並擔任長老，是

一位接受現代思潮，生涯經歷與生活形態頗爲漢化的地方領袖。他對於母親的再婚念頭，感到難堪。但是據UA女士表示，PL已經是家中當家的vusam，她自己的再婚，也是需要得到vusam的支持才好。後來幾經折衝，加上親友的勸說，PL才勉強同意。從這個角度來看，我們或許也可以說：vusam作爲一家之主，對於家中成員的婚出，不論是年輕的弟妹，還是年邁的父母，其實都居於一定的主持大局的地位。

上面描述的兩個民族誌實例，都顯示出在婚姻、生殖與繼承的過程中，家屋與嗣子／女的一體關係。但是，雖然一幢新建的家屋，必須要有了嗣子／女vusam之後，才算有了眞正的主人，但是從財產的角度來說，我們也不能將一代一代的vusam個人，視爲家屋的擁有者（owner）。因爲在這個過程中我們看到，即使是原本的vusam，在有了下一代的vusam之後，就像是卸除了責任一般，可以相當自由的離婚再婚，甚至婚出另建新家，供給再次婚姻的長嗣，而不會對於原先所掌握的家屋，有任何權利的主張。這也就是說，眞正穩定而恆久不變的，其實是家屋本身，而每一個世代的當家長嗣，應無非是家屋的「監管人」（steward）而已。家屋的這種恆定性，也可以在平民對於貴族頭目繳納租賦貢品的做法中，清楚地看到。

1980年的新年，P村全體村民舉行了集體前往山溪捕魚的活動。經過一整天的熱鬧後，村民們將所有捕到的漁獲集中到河岸邊，依家數平均分配。但是在分配之前，村民挑出了最肥美的7條大魚，放在另一個網袋中，這是準備獻給P村最大的貴族頭目DLM家的貢品（vadis）。但是，當時DLM家的當家頭目EL女士，因爲慢性疾病，已經舉家遷往山腳下交通便利，方便就醫的T村居住。DLM家屋已經無人居住，空置多年。EL女士的堂弟KU在P村擔任警察，緊鄰著DLM的家屋，建了自己的家屋，名叫KLG。當天集體捕魚

活動結束後，分配漁獲時，KU以警察兼頭目旁支親屬的身份，向村民進行講話，訓示村民應當尊重傳統頭目的地位與權利。講話結束後，村民魚貫回到部落中，攜帶裝著7條大魚背袋的村民，將這份貢品放在空置的DLM家屋之中後離去。事後村中耆老說明：頭目的家屋即使空無一人，還是要把該家應得的貢品繳納給家屋。該家的親戚，比如說擔任警察的堂弟，是有權利可以享用這些貢品，但是他只能在DLM家屋中烹食這些魚，不能將它們帶到自己的KLG家屋中享用。在這個例子中，我們更清楚地看到：在這個階序制度的權利授受關係中，家屋才是最終擁有權利的主體，而不是恰好在某一個時代居住在這幢家屋中的人。

墓葬與襲名：排灣族家屋作為同胞與配偶矛盾的超越 [9]

前文提到，依照Lévi-Strauss (1982: 184)的看法，家屋是一個包容並超越多種二元對立原則的文化範疇，社會集體生活中許多不相容的原則，家屋都加以統合，並且透過一個對外一體的形象，表達出一種對矛盾的超越。而不論是考慮他聯姻理論的基本關懷（Lévi-Strauss 1969），還是關照他在1977年講稿中處理的婆羅洲血族型（cognatic）社會（Lévi-Strauss 1987）時，特別提出婚姻（而非繼嗣、繼承等）是這些社會中，家的唯一穩定而可辨識的成立條件，而家也是配偶關係與原生家的延續要求兩者間緊張關係的表達，我們都可以論斷：因為人類社會基本而普遍存在的亂倫禁忌，使得血親家庭必須引進婚入的外人，或讓自己的成員婚出，也就是所謂的「姊妹交換」，是一個重要的緊張與矛盾的來源。美國出生而在法國學術傳統中工作的人類學者Stephen Headley (1987)認為：就最微量（weak）的家屋定義而言，同胞關係（siblingship）就是家屋的基本形態，或說是表達家屋觀念的語彙（idiom）。因此，我們都可以說，家屋所要處理、包容並超越的矛盾，很重要的一部份，就是

同胞的凝聚力，以及對此凝聚力具有潛在威脅性的婚姻關係。因此
Stephen C. Headley (ibid: 210) 說：

> 一個社會在呈現亂倫、婚姻與同胞關係這三個現實要件時，
> 所使用的表徵相互間細膩而複雜的關係，正是我們了解家屋
> 的關鍵所在。

在上一節中，我們看到，除了長嗣繼承的家屋之外，排灣族要產生
新的家屋，先決條件也是婚姻，甚至在多次婚姻的案例中，每一次
婚姻都應該產生一幢新的家屋。但其中弔詭的是：因結合而產生新家
屋的夫妻兩人，卻不被認為是家屋真正的主人，在沒有生育長嗣之
前，婚姻與新建的家屋，都處於脆弱不穩定的狀態下，不論是家屋
或者個人財產，都很可能因為離婚而解體。一旦長嗣出生，雖然父
母的婚姻仍然可能離異，但是家屋卻因為已經有了 vusam，而獲得
穩定延續的保障。這個看似弔詭的現象，如果和排灣族的另外一個
習俗合併考慮，就可以獲得更清晰的理解，就是喪葬的規則。

傳統排灣族家屋中，有一個重要的設備，就是室內葬的墓穴。當代
的排灣族人也常津津樂道：「過去，我們的祖先都是埋在屋子裡面，
和我們住在一起的。」但是，這個看似簡單明瞭的習俗與觀念，並沒
有回答一個關鍵的問題：究竟是哪些祖先被埋在哪一幢家屋的地下？
關於這點，如果進一步探詢，就會得到排灣族人這樣的答案：「每一
個人，理想上死後都應該埋在自己出生的家屋中。」[10] 這個立場至關
重要，因為埋在自己出生的家屋中，所造成必然的後果，就是同胞
死後同穴，而夫妻（即使沒有離異）死後各自歸葬原家。我們不難看
出，這個原則，其實和上面討論的「離婚率相對偏高」，以及「長嗣
才是家屋真正的主人」兩個現象，在邏輯上是一致的。只不過，同胞
死後同穴，進一步延伸了長嗣的意義，透露出長兄／姊在弟妹婚出
時有資助的義務，讓他們離家去開枝散葉，建立新的家屋；在他們死

後，也有習俗賦予的立場，將弟妹的遺體迎回他們出生之家，完成同胞同穴的理想。也就是說，除了長兄／姊留守原家之外，真正與一幢家屋恆久相守的，更是埋在墓穴中，世世代代的同胞組合。

我們必須指出，至少由當代可以獲得的資料顯示，這個「同胞同穴」的理想，並不是得到統計上百分之百的實現。有相當的案例，可以看到夫妻同穴的情形。一方面，我們或許可以推斷，夫妻合葬的做法，是否受到基督教義的影響。但是，根據着老的說法，即使在過去，數個家族爭奪親人遺體，各自主張葬在自己家屋之中的情形，也是喪葬程序中，常見的一個部份。因為，如果死者原家的長兄／姊健在，而且聲望行徑受到族人基本的敬重，他們自然有最優先的主張權利，要求過世的弟妹葬回原家。但如果死者同輩的長兄／姊已歿，繼承的當家長嗣身為死者的姪甥，[11] 主張的熱心與力道，難免稍弱。而萬一出生的原家因故絕嗣廢屋，無人作主，死者通常就會葬在婚入之家。如果發生上述婚入某家（或新建家屋），後因喪偶或離異，再從此家屋中婚出的情況，則死後歸葬何處，最初原生的家屋、曾經婚入而後婚出的家屋、以及目前因婚入而終老於斯的家屋，都可以站在相對平等的立場上，提出主張，透過協商而做出最後的決定。基本上，即使在當代，經歷了國家與基督教會的介入，室內葬遭到禁止，而設於村外的公墓，多數墓葬的外觀形式受到基督教的風格影響，這種透過喪葬所表達的同胞群體的凝聚力，仍然清晰可見。在P村（蔣斌1999: 397-98）公墓20多座有銘文的墓碑上，顯示出合葬者的關係以及署名為死者立墓碑者的關係，可以整理如下表：

	關係	出現次數
合葬者關係	親子／女	13
	同胞	4
	夫妻	5
	夫妻分葬	3
署名立碑者關係	子女	9
	子女之配偶	2
	同胞	8
	配偶	4

這個表格中的案例數，以關係元素的出現次數計算。由於同一墓碑所顯示的，可能不只一種元素，因此案例的總數也大於有銘文的墓碑數目。如果我們依照上述家屋的理念，包括世世代代長嗣承家，在原家中生兒育女，以及同胞死後合葬的觀念，那麼表中的「親子／女」合葬、「同胞」合葬，以及「夫妻分葬」，還有「同胞立碑」的案例，都可以算是家屋理念的體現。而其中「子女署名爲父母立碑」和「親子／女」合葬，不能視爲具有同樣的意義。前一種狀況，子女有可能爲回歸原家安葬的父母立碑；但親子／女合葬，表達的就是更爲母庸置疑的家屋理念了。在夫妻分葬的案例中，更有兩個例子，我們看到的是妻子在埋葬了丈夫，與子女一同爲丈夫署名立碑後，雖然已經兒女成群，自己過世時仍然選擇與生父合葬。唯有透過家屋的理念，才能夠準確的掌握這樣的喪葬習俗，背後的意涵。

但是，同胞合葬於原家的理念，是否就貶抑了婚姻以及配偶關係在排灣族家屋以及社會構成上的重要性呢？前文已經指出，排灣族人對於婚姻產生（或延續）家屋，有十分清楚的認知。雖然就家屋的

「居民」而言，表面上我們看到的是：在地面之上，活人生活的空間裡，人們經歷的是「同胞（餘嗣）婚出、配偶婚入」的流動過程，而在地面之下，過世先人安息的空間裡，卻是透過「配偶殯出、同胞葬入」的過程，由世世代代的同胞組，構成家屋恆常不動的中心。但是，如果我們再納入排灣族的另外一個習俗，合併檢視，又會得到不同的理解，那就是命名的制度。

排灣族的個人名採取襲名制，雖然並不禁止創新名，但發生的情形不多。在一個部落之中，同名者比比皆是，如果直接求教於報導人有關襲名的用意，獲得的答案主要是「為了避免祖先的名字被遺忘。」任何一名從事排灣族研究的研究者，在製作系譜的過程中，或者檢視文獻中的系譜資料（例如移川1935；石磊1971；許功明1995），都不難發現同名者不斷出現的情形。有時同名者的系譜關係相當清楚，但也有時報導人只能大約指出，某某人取的是父母中某一方，或祖父母／外祖父母中某一方的名字，而無法指出明確的系譜關係。既然創新名的情況很少，族人主觀上也認為襲名是對先人的記憶，我們可以說，就名字所代表的個人而言，在排灣族社會生活的情境中，人們幾乎等於是週而復始的和同樣的一群人在打交道。

排灣族個人的命名，可以由父母雙方，以及雙方的父母雙方家族成員中選取中意的名字。邏輯上，這個向上的雙邊關係可以無限延伸，但通常對於獲選名字的來源，大概保持3至4代系譜明確關聯的記憶，或者只是說：這是某某祖先那邊帶來的名字。通常按照習俗，當夫妻一方為承家者，另一方婚入的情形下，長嗣一定會取父母中承家者這一方的名字，次子／女則選取婚入一方的名字。夫妻均為餘嗣，也可以依照成婚建立新家時，雙方本家出力資助的多寡，決定長嗣的名字要選自哪一方。一個很重要的原則是，只要是同一階級的婚姻，所生的子女之間，應該儘量平均使用父母雙方的名字。如果是不同階級的通婚，則子女必定一面倒地取用父母中高階一方

的名字，不會出現一組同胞中有名字分屬不同階級的情形。同階婚姻的子女平均取用父母雙方的名字，是一個明確的社會規範，違背者會遭致輿論的批評；子女一致取用高階家族的名字，則是異階通婚中低階一方主要的利多考慮之一（參考蔣斌1984: 13）。

換言之，個人的名字一方面意味著對祖先以及祖先事跡的記憶，另一方面，由於命名時可以選用父母雙方的名字，一對夫妻對於所生子女（同胞組）的命名，更需要注意到雙邊平衡的原則，因此個人的取名，以及一組同胞所取的名字，實際上蘊涵著大量以往聯姻關係的訊息，也就是對於聯姻關係的記憶。以P村PVN家為例（蔣斌1999: 403-04）：

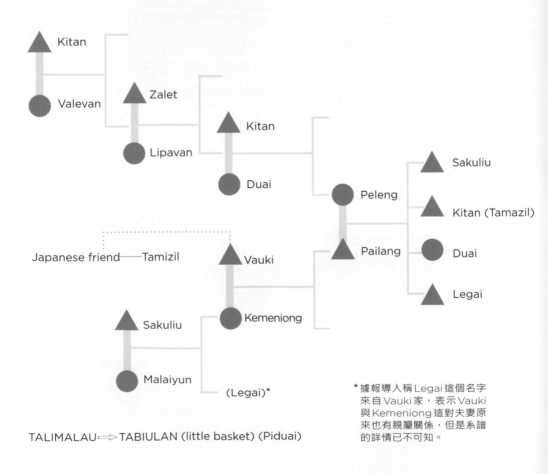

Kitan

Valevan

Zalet

Lipavan

Kitan

Duai

Peleng

Sakuliu

Kitan (Tamazil)

Duai

Pailang

Legai

Japanese friend——Tamizil

Vauki

Sakuliu

Kemeniong

Malaiyun

(Legai)*

TALIMALAU ⟹ TABIULAN (little basket) (Piduai)

*據報導人稱Legai這個名字來自Vauki家，表示Vauki與Kemeniong這對夫妻原來也有親屬關係，但是系譜的詳情已不可知。

由這個譜表中，我們可以看出，以最右邊也就是最年輕一代的同胞組而言，Sakuliu 的名字來自父親的母親的父親，Kitan 的名字來自母親的父親以及母親的父親的父親的父親，Duai 的名字來自母親的母親，Legai 的名字在系譜上無法直接連上，因為在 PVN 家長輩的記憶中以無法明確找到名為 Legai 的先人。但是 Sakuliu 的母親 Peleng 相當肯定的指出，這個名字來自 Vauki（也就是父親的父親）的家族方面。很明顯的，PVN 家這一組同胞的名字，相當均衡地使用了父之父方、父之母方、母之父方、母之母方各一個名字。我們也可以說，以往的 3 次聯姻，造就了這一組同胞的名字。而且其中 Kitan 與 Duai 兩兄妹的名字，在二代之前根本就是一對夫妻。[12]

至此我們可以理解：排灣族人很清楚，沒有婚姻的建立，家是無法存在或延續的。但是對於婚姻原則也就是配偶關係的彰顯，並不明顯地表現在家屋的實體上，而是記錄在個人及同胞的名字組合上。基於命名時謹慎的雙邊原則，使得一對夫妻所生的子女，也就是一組同胞的名字，可以說都是父母雙方以及雙方先前的世代聯姻的成果。換言之，個人的襲名是與家屋的延續對立但互補的另一套文化原則，它記載的乃是雙邊先前世代的聯姻成就。而排灣族家屋的精微奧妙之處，就在於這一組一組背負著姻親人名的同胞，最後又會共同埋葬到家屋的墓穴之中。正因為同胞組的名字是聯姻的成果，襲名制可以說是一種巧妙的將姻親（或者根本就是數代之前的配偶）轉變為同胞的機制。呼應上文引述的 Stephen C. Headley 有關同胞與配偶間複雜表徵關係的論點，排灣族的家屋對於這二者間辯證關係的處理之道就是：就人的軀體而言，排灣族的喪葬習俗強調同胞的不可分離與婚姻的短暫（參考蔣斌、李靜怡1995: 117），但透過個人的名字，配偶與聯姻關係卻得以化身為同胞，一同埋葬在室內墓穴之中，成為家屋恆常不動的中心。

結語

人類學者何翠萍在她的〈人與家屋：從中國西南幾個族群的例子談起〉（2011）一文中，以Shelly Errington（1987; 1990）對於島嶼東南亞社會區分的兩個類型：中心型（centrist）和二分交換型（dualistic exchange）作為背景，藉助Marilyn Strathern和Roy Wagner提出的人是「可分的且為多重孕育關係的載體」的人觀理論，討論了景頗、載瓦、班洪佤、以及靖西壯人的家屋與人的孕育力量之間的多樣化的關係。其中景頗與載瓦具有明顯的二分交換型社會特徵，家屋對於孕育力量的處理，主要關心的是在維持自身（討妻者）祖先的靈力的同時，如何接納並展現給妻者所帶來的孕育力量。佤族具有中心型的特徵，「家屋孕育力量是建立在超越、支配、統合從土地、女性所有的孕育力和給妻者所賦予的孕育力，或是再生產的力量上而產生出來的。」靖西壯人家屋的生命則是與夫妻孕育的再繁衍的力量無關，而是與一個想像的「花園」相關。（何翠萍2011: 323-24）

誠如何翠萍在文中用來作為比較的案例，臺灣排灣族的社會，可以說是Errington的「中心型」社會的典型案例。Errington用蘇拉威西的Luwu社會為例指出：在「中心型社會」中，「家」是傾向血族型的結構，家之內依據行輩的尊卑與同胞出生序的長幼，形成階序，行輩及出生序居長者位於高階，也就是接近中心，位於中心者較為接近創始祖，也就是接近生命與「能量」（potency）的來源。但是這樣的家的結構，基本上是由一代一代的同胞所構成，這個「中心」本身缺乏再生產的能力，必須依賴婚姻。婚姻的對象不可能是同胞兄弟姊妹，但由於家是依據中心而非邊界所界定，因此具有邊界不明確而具有包容性；同時在夏威夷型（Hawaiian Type）親屬稱謂的界定下，表親（cousin）被視為「較遠的同胞」，透過與「較遠的同胞」之間的聯姻，Luwu社會得以在（廣義的）家的範圍之內進行聯

姻，完成中心的再生產。在「二元型社會」中，典型的「家」則比較接近父系繼嗣群，這樣的家同樣由一代一代的同胞所構成，但是在家的再生產方面，則是透過單方交換婚，在家與家之間進行聯姻，透過女人／生命的流動（Fox 1980），實現家的延續。同時以「給妻者」與「討妻者」的二元關係為核心，發展出全面的二元宇宙觀。因此，Errington (1989: 203-272) 認為：在「中心型社會」裡，基本的關係是「中心／邊陲」，其關係是階序性的；在「二元型社會」中，基本關係則是二元與互補性的。

我們不難在 Erringtong 對於中心型社會特徵的描述中，看出與本文呈現的排灣族家屋社會特徵契合之處。因此何翠萍（2011: 331-32）在檢視排灣族與魯凱族的民族誌資料（蔣斌、李靜怡1995；鄭瑋寧2000）之後，指出：

> 顯然排灣及魯凱的家屋靈力空間只有一個，而且這個靈力空間有非常清楚的實物的力量予以成全。

> 在佤與排灣、魯凱間有共同的一點還在於他們家屋的孕育來源都與「土」的力量相連。事實上，從西南有關低地信佛的傣以及班洪佤的研究中，我們都相當清楚地看到在建屋過程中傣所謂埋在土裡的「家心」及佤的栽種中柱入土儀式所展現的他們作為家屋靈力來源建構的第一步的意義。相對而言，在排灣、魯凱他們埋在家的地下的是家的祖先。……有關人死後屍體的搶葬或是葬在誰家的問題，本來就是人觀研究上很重要的題目，……在中國西南的基諾人間也有不同社群間不同做法的記錄。但排灣與魯凱的例子所以突出的不但是屍體歸屬的問題，同時還是把屍體埋在室內的意義的問題。以及這個埋葬在室內、土裡的同胞或夫妻與家屋中新式的孕育力量之間，是否銜接，如何銜接的問題。……有關同胞或是夫

妻同葬在家屋地下、土裡所可能牽涉到其與家屋孕育、或是
靈力（potency）來源間的相關顯然仍待深入探討。

個人相當同意何翠萍女士的這個觀點與期許。在以上這篇文章中，
個人試圖回顧從日本到我國學者，從基本民族誌到沿用社會人類學
的繼嗣理論（descent theory），再到Lévi-Strauss所提出的「家
屋社會」理論，在理解南島民族的血族型或非單系社會制度，以及
排灣族的家屋與社會構成上，曾經走過的路，以及不同理論觀點，
對於已知的民族誌資料，可以描繪出如何不同的圖像。家屋社會的
理論，應該說是至今最能貼切理解排灣族民族誌資料的分析架構。
這個理論觀點的源起，在於跳脫先驗地認為「所有『初民社會』都以
『血緣』為社會構成的不二原則」這樣帶有偏見的假設，且這個「血
緣」的觀念，是想當然爾地挪用自西方生物生殖科學為基礎的觀念
（Schneider 1984）。家屋社會的理論告訴我們，在許多社會中，
家屋是該人群社會觀、宇宙觀與人觀的客體化表徵，或說物化的體
現。在釐清了排灣族家屋如何型塑社會關係、體現社會的構成與過
程後，下一步就確實到了應該探討墓葬與寶物，如何共同實現家屋
對人的孕育作用的階段了。

註

1 網絡資源http://www.apc.gov.tw/portal/docList.html?CID=E8F97E390107602E，查閱日期2011/5/3。

2 本文中使用的「傳統」（traditional）概念，指的是當代臺灣社會以及排灣族人本身，依據19世紀末以及20世紀初以來，有圖文可徵，或依據耆老口傳為基礎，所建構的族群文化意象。筆者認為，雖然並不是所有的「傳統文化」內容項目，都一定可以溯源到特定的歷史事件（Hobsbawm and Ranger 1983），但是一個亙古不變的「傳統」概念，雖然在當代大眾的文化想像中，仍然存在，但是在人類學的探討中，已經普遍受到質疑。另一方面，所謂排灣族的社會文化特性，其內部仍有地區性的差異。但包括排灣族人在內，一般常以中央山脈西側「中、北」排灣族的文化為「正統」的代表。

3 "House Societies"的概念，在中文文獻中常被翻譯為「家社會」或「家屋社會」。其實細究Lévi-Strauss以及後續學者的著作，其中涉及的建築物，經常包括「住宅」以外的建物，例如會所、祖廟等。這些不是「家」的「屋」，其建築、物質性、空間、象徵作為建構或界定社會關係的理論意義，與「家屋」並無二致。因此有些學者主張"house societies"應該中譯為「屋社會」，以便處理不屬住宅的建築物所具有的社會構成上的意義。但是「屋社會」對於中文讀者而言，畢竟略嫌拗口做作。加上本文處理的排灣族民族誌，焦點確實放在作為住宅使用的家屋上，因此使用「家屋社會」一詞。

4 法文原著發表於1979年。

5 英譯本問世較晚，出版於1984年。

6 本節的部份文字曾經發表於蔣斌、李靜怡（1995）〈北部排灣族家屋的空間結構與意義〉，黃應貴編《空間、力與社會》，中央研究院民族學研究所，臺北，南港。

7 來義村於1954年遷離舊址，1992年作者參加由東海大學建築研究所關華山教授主持的「臺灣南島民族家屋與聚落：排灣族『家屋社會』研究計劃」，進行來義舊址部落家屋基地全面的測繪與研究。本文有關家屋實體的資料，多數來自該項研究計劃的成果。該計劃由國立臺灣史前文化博物館籌備處提供研究經費。

8 為保障隱私，此案例中的人名與家名皆以代號表示。

9 本節的部份文字，曾發表於蔣斌（1999）〈墓葬與襲名：排灣族的兩個記憶機制〉，黃應貴編《時間、歷史與記憶》。臺北南港：中央研究院民族學研究所。

10 這是指善終的人而言，對於凶死的人，包括難產、被獵頭、意外死亡、自殺等，都要埋葬在村外偏僻處。

11 此處使用姪甥，當然是一個為了行文方便，挪用的漢人詞彙。排灣族的親屬稱謂屬於夏威夷型（Hawaiian Type），只分行輩而不分直旁系。因此兄弟姊妹之子女與自身的子女，同樣稱為?aljak。

12 除了聯姻的訊息之外，個人的名字還可以表彰其他與家族有關的歷史記憶。在上面的譜表中，二代之前的Duai本家原名Palimetai，家屋在大頭目Talimalau家的隔壁，被Talimalau家收為管家（pinituma），當Talimalau家收受屬下繳交的貢賦過多，自家無法存放時，就放在Palimetai家，因此賜其改家名為Tabiulan（小籃子的意思），同時又在Tabiulan家生女兒的時候，將自己家不常使用的一個人名Biduai修改為Duai，賜予Tabiulan家，從此成為Tabiulan家後人可以使用的人名之一。而最年輕一代4位兄弟姊妹中的Kitan，另有別名稱Tamizil（日本名）。原因是父親的父親Vauki曾有一相當要好的日本友人，生子名Tamizil，但不幸早夭，Vauki便為Kitan另取名Tamizil，以紀念這份友情。時至今日，母方親屬都稱呼Kitan為Kitan，因為這個名字來自母方；父方親屬則多稱呼Kitan為Tamizil，形成一種微妙但無傷大雅的姻親間的競爭態勢。

從口述到書寫的歷史

臺灣原住民排灣族G村部落誌的撰寫與競爭對話

02

I

排灣族是臺灣原住民的一族，語言上和所有臺灣原住民族群一樣，屬於南島語系（Austronesian family），分布在臺灣南部，中央山脈分水嶺東西兩側的淺山以及山麓地區。2009年的統計，人口數約8萬6千人，居住在70多個大小不等的聚落中。在現在我們所指稱的排灣族當中，依照族人本身的觀念，也可按文化習俗或族群口傳歷史中所述源流的不同，分為兩個亞族和若干地方群。首先，整個排灣族可以區分為拉瓦爾（Raval）和布曹爾（Vutsul）兩個亞族。拉瓦爾亞族的人口較少，只包括排灣領域東北角，由大社（Parilaiyan）分派而出的6個村落。布曹爾亞族則包括所有其他的排灣族人口與聚落。布曹爾亞族的組成份子事實上相當多元，不像拉瓦爾單純。但是，這兩個亞族的區分，主要是在於繼承制度上一個重要的差異：拉瓦爾亞族實行長男繼承，布曹爾亞族實行不分性別的長嗣繼承制度。拉瓦爾亞族的繼承制度和魯凱族相同，在服飾及某些物質文化特徵上也接近魯凱族，在語言上則說排灣語，因此日本學者移川子之藏（1935）認為拉瓦爾亞族是魯凱族與排灣族之間的「灰色地帶」。

拉瓦爾亞族各部落的源流關係：大致是以大母母山（Taivuvu）區為發祥地。布曹爾亞族的內部分支較為複雜，並且和遷移路線有關。大體而言，整個布曹爾亞族都將南北兩座大武山，以及緊鄰兩山西側的山區，認知為祖先的發祥地。在這個區域內的聚落，被稱為Pa-uma-umaq，就是「故地」、「祖居地」或「原居地」的意思。Pa-uma-umaq 以南的排灣族地域相對地被稱為Pa-vua-vua，就是「移墾地」的意思。排灣族的島內遷移，大致在17世紀中葉荷蘭人來到臺灣之前，就已經大勢底定。因為在1647、1650和1655年荷蘭殖民機構刊行的戶口統計資料中，現今排灣族各分支絕大多數的族聚落名稱與位置都已經登錄在冊。

排灣族的社會組織有兩大特徵，即家屋制度與階層制度。分別簡述如下：家（*umaq*）是排灣族最基本的社會單位，也是最重要的文化範疇之一。排灣族人在傳述部落的創始神話時，一個重要的情節就是：某位始祖到某地建立一有名氏的家屋。現在的排灣族村落，大都保有部落創建家族的傳說。這些家的家名也大都延續不輟。創建家屋通常代表著一個排灣族人聚居生活的部落在曠野山林中形成、興旺過程的開始。在拉瓦爾亞族，家屋由長男繼承；在占人口大部分的布曹爾亞族中，家屋由長嗣繼承。也就是說，一對夫妻的長嗣（或男或女）要留在這個家屋中結婚生子，延續這個家；餘嗣則在結婚時離家，不是與另一家的長嗣結婚而婚入該家，就是與另一餘嗣結婚而成立新家。

排灣族社會沒有單系繼嗣的觀念。但每一個部落對於創始家及其衍生家，衍生家的衍生家，其間的分脈關係，大都保持認知。基於一種相當強的雙邊（bilateral）認親原則，對一個新建之家而言，夫妻雙方的生長之家都同樣可以被視為原家。排灣族的家有家名（*ngadan na umaq*），家名基本上是建築物的名稱（末成1973；松澤1979；蔣斌1992）。一幢家屋在非親屬間移轉產權，家名依舊。同一家人因故遷入另一家屋，則採用該屋原有之名。新建家依例另取家名。但將原家屋主要石材搬運到新址重建者，常沿用原家名（蔣斌1992）。因此在某種意義上，家的符號指涉的實際上是這些透過建屋合作勞力取得並加處理的建材。居住在一個家屋中的家戶成員可以將家名加在個人名後作區辨之用，但這個區辨符號是隨住處而改變的。相對而言，家屋的社會地位在某種程度上也不因住戶的改變、遷移而有所更動。有時享有特殊儀禮特權的家，即使因絕嗣或全家他遷而使家屋空置，仍然能夠在儀式中享有地位（如在禮歌中被提及）或分得應得的儀禮物（蔣斌1983; 1992）。

排灣族有一個階層化的社會體系，由貴族（*mamatsangilan*）與平

民（*aditang*）兩個階層構成。在大多數的排灣族部落，部落土地（包括部落基地、農地、獵場、河流）悉歸少數幾家貴族所有。平民由地主處獲得建地、農地的使用權，在農作收成或者漁獵有所獲時，都要向地主繳納租賦。地主累積餘糧，在歲時祭儀或平民家有婚喪儀節時則回饋平民。每一家平民更得與一家貴族建立一種主／從關係（*matsangitsangin/utsibutsiben*），平民定期或在貴族家有需要時提供勞役，爲主的貴族則在部屬家有婚喪儀節時給予資助，更重要的是在部屬與他人發生糾紛時代爲出面協調。由於貴族地主在生產活動上屬於有閒階級，又得以累積生產剩餘，逐帶動裝飾藝術的高度發展。一則貴族有能力雇工製作精緻的生活用品，二則許多知名藝匠本身就是有閒的貴族。另一方面，貴族也享有使用具有神話意義的圖案紋飾特權，藉建築、服飾、器物上的專有紋飾，加強鞏固本身的地位。

貴族的地位因世襲而得。世襲地位的規則與家的繼承相同。大頭目的長嗣繼承爲大頭目，不分男女。即使在拉瓦爾亞族偏好長男繼承，大頭目家僅有獨女者，由女兒繼承爲大頭目，也不會對部落生活的進行、階層體系的運作，造成任何困難。長嗣繼承地位，餘嗣分出另立新家，地位降低一級，成爲較低階的貴族，可能仍享有收稅以外的紋飾、名號特權。這一階貴族的地位再由長嗣繼承，餘嗣分出，地位更降，僅保有少數紋飾特權。如此低階貴族餘嗣的餘嗣再分出者，已和平民無異。

排灣族的生計經濟和臺灣大多數其他南島民族一樣，以山田燒墾、狩獵和禽（雞 *kuka*）畜（豬 *qatsang*、羊 *sizi*）的飼養爲主。日據時期引進的水田稻作，僅限於少數條件適宜的地點。山溪漁撈，則是休閒運動的性質大於生產的意義。農耕與飼養，基本上是男女合作的工作；狩獵完全是男性的活動，漁撈則僅僅在少數全村慶典的場合，才有女性參與。

傳統的農作物中，以小米（*vaqu*）和里芋（*vasa*）爲主要糧食作物。里芋是普通的日常主食，烤乾的里芋方便儲存，可以作爲狩獵或遠行時的口糧。小米被認爲是比較尊貴的食物，通常在祭典或宴客等特殊場合食用。小米在排灣族的語言表達中有相當重要的地位。例如，某家人生活奢侈，會被形容爲「每餐都在吃小米。」又如，承繼家業的長嗣，稱爲 *vusam*，就是「小米種子」的意思。其他傳統作物包括旱稻（*paday*）、稗、高粱、樹豆（*puk*）等。此外，源於美洲的作物，18 世紀時傳入中國，而在排灣族食物中占有重要地位者，則包括玉米（*puday*）、花生（*paketjaw*）、甘薯（*vurati*）等。

II

1993 年間，我在臺灣排灣族從事研究工作時結識多年的好友 H 君在家族的鼓勵下，出馬競選家鄉所在地 S 鄉的鄉長。S 鄉是一個以排灣族拉瓦爾亞族與魯凱族居民爲主的「山地鄉」。H 君本身擁有大專學歷，出身於一個傳統排灣族貴族同時也活躍於當代政壇的政治世家。在他的競選活動中，提出了多項以重振原住民文化爲訴求的政見。經過了一番激烈的競爭後，H 君獲得勝利，榮登 S 鄉鄉長的寶座。爲了實現競選時有關文化建設的諾言，H 鄉長便委託我進行一個 S 鄉鄉誌的編纂計劃。基於多年來排灣族友人對我的協助，我義不容辭，便自 1994 年開始，進行 S 鄉鄉誌的田野調查工作。

事實上，鄉誌或任何一個層級的「地方誌」，基本上都是中國政治體制下的傳統，起源於地方政府向中央（或「朝廷」）呈報的「圖經」（傅振倫 1936）。H 君的用意，當然是以保存並恢復傳統文化爲優先，並不在於「呈報中央」。既然 H 君主動提出這樣的要求，我在能力許可下，理應提供這樣一個專業的服務，但是在觀點與立場上，不得不略加考究。因此在鄉誌編撰計劃書中，我作了這樣的說明：

在中華文化傳統中，地方志是一種鄉土地方的綜合性歷史文獻，目的在客觀而翔實的記載自有資料可查考以來，直到編纂當時為止，本地的山川文物、典章制度風土人情與各種興衰沿革。除了由基層地方政府編纂，呈報上級政府與中央政府，作為施政參考之外，地方志更是當代人士對先人業績與自身成就的存證與殷鑑，也是有助於後世歷史研究的基本傳世史料。

本鄉居民以排灣族與魯凱族為主，文化傳統原本與漢人不同，以往對於歷史文化的傳承延續，並不依賴文字，而著重長幼世代間的口耳相傳。即使是族人對於鄉土的地理認知與歷史觀念，也和漢人有異而自成一格。但是，時至今日，臺灣原住民各族均已成為高度文字化社會，傳統世代相傳的教育方式，也因為職業與生活形態的改變，面臨無以為繼的困境。在此時求教耆老，就仍可訪得的口傳資料，輔以可徵的文獻記載，編纂成志，傳諸後世，實屬當務之急。

然而，在漢人的歷史文化傳統中，「方志」最早起源於地方政府向中央呈報的「圖經」，歷經長時間的發展，已經形成一套相當固定的體例。基於上述文化差異的考量，本鄉鄉志的編纂，自然不宜全盤沿襲一般志書的綱目與概念，比較適合的方式是以人類學中民族誌資料收集與撰寫方式為出發點，再參酌一般志書所應具備的內容範圍，進行修纂。換言之，本鄉的鄉志，宜允涵蓋一般志書所包括的風土人文、興衰沿革等面向，然而在資料的收集與撰寫方面，則依照本鄉原住民特有的社會制度、文化範疇與史地知識系統，作為實際編纂時依循的綱目。

由這樣的出發點編撰的地方誌，如果成效良好，基本上就應該接近一份民族誌的報告了。而和鄉長Ｈ君討論的過程中，可以清楚體認到他期望的一個編纂重點，這也和人類學同仁以往對於排灣族文化的認知相符合，就是對於主要貴族家系以及部落歷史的著重（許功明1994；蔣斌1993）。因此，除了山川風物、博物知識以外，放在第一年計劃中優先處理的一個主題，就是各個聚落與主要家系的歷史。

1996年初，我們對於全Ｓ鄉10個村落的田野訪談及地理歷史資料收集初步完成。在各村訪談的過程中，特別是部落歷史的部分，除了對舊部落遺址的探勘外，口述歷史的部分，都是在主要報導人家中，個別進行的。這種作法有幾個原因：第一是在現代的生活步調下，和報導人訂定訪談時間已經很困難，更難將一村中公認合格的數位報導人集合同一時間進行訪談。但第二個也是更重要的原因，就是在排灣族社會中，有關家系歷史以及部落歷史的口傳資料，本質上就具有很強的以家系為單位的排他性，大多是在家系中代代相傳的（有關排灣族「家」的性質，參考蔣斌1983, 1995; Chiang 1993; Matsuzawa 1989），主要家系的當家者有傳述與家系有關歷史的義務，也唯有他／她有傳述與公開講述的權利。名義上真正合法的當家者不在、年幼不識事、或能力不足，該家分出的親戚可以代庖。無論如何，如果向另一家人打聽關於某家的歷史背景，任何一個正直而謹慎的排灣族人都會建議你「應該去問某某人，她／他是那家『當家的』（或是從那家分出的），他們家的事我們不清楚。」當然，並不是所有「某某家人的事」，外人都沒有在談。但談到別人家的歷史，總是帶有一種「說人閒話」的氣氛。一個部落中如果有幾個家系的歷史都與部落起源相關聯，這種政治敏感性就比較高；如果聚落本身就是複合的，不論是殖民時代前因為特定歷史因素撮合的，或是在殖民政府的影響下遷村的結果，這種「述說歷史」的權利界線，往往更加分明。總而言之，部落或家系的歷史，在排灣族固有的社會情境中，大多在「家」的範圍內口耳相傳；在我們初步的訪談

過程中，也大多採取一次與一位或同一家的數位報導人會面的方式。

口述歷史資料收集工作進行到一個程度的時候，也訪問了鄉長Ｈ君自己的部落與他自己家中的耆老。漸漸的包括鄉長在內，我們都認識到了整個計劃潛在的嚴重性：就是原本屬於口傳的歷史加以文字化、或者說某種程度的標準化、固定化，對於傳統社會將會產生的深遠影響。在排灣族固有的社會生活中，除了上述家系個別傳述歷史的場合外，也確實有少數場合，人們會接觸到關於部落歷史的不同版本。一是在婚禮或收穫祭的時候，會有部落公認有資格的老人，公開吟唱與全聚落相關的頭目家的起源，如果是婚禮，還會由部落的起源唱到新人家的歷史，或者（男或女）新人的身家教養等。這樣的吟唱稱為 *paru tavak*。在 *paru tavak* 時吟唱的內容，通常會涉及古老家族起源神話的部分，然後就跳到最近幾代特定人物的頌揚。最早的部分及當代的部分，這兩個部分的歷史，通常比較不具有爭議性。另外就是在一般的社交飲宴場合，人們會隨機地談起部落、主要家系的歷史。通常只要涉及起源與現狀中間的一段，有關遷移、聯姻、佔據土地、建立部落的情節，只要現場有不同家族的代表，就經常引起紛爭。但是只要對於不同的歷史版本是處於各說各話的層次上，爭議的場合也像浪花般時起時滅的。除非是在議婚時雙方發生爭議，可能阻礙婚事的締結，否則在日常生活中，人群、情境、時間的區隔，加上貴族固有的地租、貢賦權利大多不再具有過去的重要性，因此偶有爭議，也不會對部落的生活造成無法彌補的傷害。但是現在，我們要做的事是將不同家系的口傳記錄彙整，各種版本兼容並蓄，收在同一冊甚至同一章中，任何人可以隨時查考另一家人提供的歷史版本。而且，這個記載是要寫下來、印出來、裝訂成書傳諸後世，「給年輕人看的」，「如果寫得不『正確』，以後對年輕人的影響非常大，這是須要非常非常慎重的事。」爭議性可以想見會非常之高。換句話說，我們正在經歷Jack Goody (1977) 所說的心智或知識「馴化」（domestication）過程的焦慮。

不同的是，我們感受到的卻不是 Goody（pp.41-44）引伸Robin Horton「傳統心智的封閉性v.s.科學思維的開放性」所得到的「無文字思維體系無法對懷疑（skepticism）與批判（criticism）性知識活動作有效的累積」。反而是包括鄉長、鄉公所同僚以及我自己和助理，都對書寫系統帶給口傳歷史那種蓋棺論定的「封閉」效果，抱持著很高的疑慮。

爲了要解除這層焦慮，鄉長H君希望我們將各村訪談的初稿整理後，發給各村，再由村長出面召集村中所有重要的長老，約定時間，由我們前往舉行公開的座談，就初稿向村民作口頭報告。請村中長老提出修改意見，希望能夠綜合出一個全體村民都能接受的版本。對於這個意見，我欣然接受。在過去二、三十年間，臺灣原住民社會與研究者之間的關係，早已不再是單向的「提供vs.搜括資料」的關係。

原住民人士有充分的機會檢閱研究者（包括非原住民與原住民本身）出版的討論各族文化的論著。學院中的研究同仁也依照慣例會將研究的論文報告送交個別的報導人或在田野中提供協助的友人。但是像這樣先將訪問個別報導人所得的部落歷史資料公諸村民，在公共而集體的場合中徵求意見，並且期望達成「共識」，可以說是開啟了一個新的論述場域。更令人高興的是，雖然在安排第一輪訪談時，許多鄉內的人士都提供了極大的協助，但「我們爲了編鄉誌希望能來拜訪您，請教一些問題」，也經常受到遲疑或冷淡的待遇。現在「我們已經完成了貴村歷史的初稿，如果您沒有意見，就這樣定案囉！」顯然讓許多長老都感到這事非同小可。各村村長很順利的排定了時間，我們前往座談時，長老們出席也都相當踴躍。由於有關部落家系歷史的資料，事涉敏感，在座談的過程中，也不乏熱烈的討論與激情的辯詰場面。經過這個過程，村中長老一般都覺得發表的意見有助於將歷史修改得更正確。我們也得到了一個機會，更清楚的體認到排灣族口傳歷史的特性與眞諦。

由「社會語言學」（social linguistics）、「溝通民族誌」（ethnography of communication）（Hymes 1974），「言談民族誌」（ethnography of speaking）（Bauman & Sherzer 1974）到「文本性」（textuality）（如 Hanks 1989）的研究取向中，都強調：文本（text）的達意作用無法脫離脈絡（或稱「語境」）與社會情境而存在。文本必須和講者、聽眾、歷史的時、地、後設語言（meta-language）、與表演（performance）等因素一併考慮，才能釋放出真正完整的訊息。然而，誠如 Bauman & Briggs（1990）所指出的，之所以要強調文本分析中「脈絡」與「表演」的重要性，正意味說更重要的過程在於文本可以被「去脈絡化」（de-contextualization）與「再脈絡化」（re-contextualization）。「去脈絡化」與「再脈絡化」是一事的兩面，這個過程不斷地發生，就構成文本的歷史。我們的座談會，是為排灣族口述歷史的文本（這文本本身又是口傳的而非書寫的）提供了一個特殊的表演舞台。它當然不是一個排灣族固有的舞台，因為我們有錄音機、筆記本，還有一份個別訪談的「初稿」；原屬於不同聚落及不同家系的長老圍桌而坐，每個人心頭都籠罩著這些文本即將被文字化的焦慮。這當然是一個明顯的「去脈絡化」與「再脈絡化」的情境。以下，我們以 G 村的座談會實錄為例，來認識排灣族口述歷史的表演過程。

III

G村在一般的民族誌文獻中，都被歸爲排灣族拉瓦爾亞族（Raval）的少數村落之一，由拉瓦爾亞族的原初部落大社（Parilaiyan）分出。在我們的田野工作之前，有關G村的文獻，主要只有《番族慣習調查報告書》（臨時臺灣舊慣調查會1922）以及《臺灣高砂族系統所屬之研究》（移川子之藏1935）中的記載。這兩筆文獻是我們這次田野工作的起點，先轉載在下面：

> 《番族慣習調查報告書》：本村最初由大社村平民Malekong家的男子La-tiliman來到現址東方約4公里，G社溪上游左岸的地方建立新的部落。部落形成後，邀請大社頭目Talimalau家名叫Adiu的男子前來，建立Tangiradan頭目家。此外，本社也有一部分屬於排灣族布曹爾亞族（Vutsul）Talavatsal部落人民遷移到本村。最初分隔居住，各自習俗略為不同，久而久之混居同化，現在已經無法分辨了。

這筆記載並沒有提供報導人的背景資料，但是很清楚的記載道：在G村的組成分子中，有來自布曹爾亞族的居民。

> 《臺灣高砂族系統所屬之研究》：今有一個大社系統的番社稱謂G社者。溯G社溪而上即為最初的番社……於昭和3年因官命而移居沿G社溪的山腳地帶，戶數有63，人口255。（昭和6年調查）本社最初由大社之番丁La-tiliman-Malekong，在四代前來開拓的，在G部落形成後，村人主動邀請大社Talimalau家第五代孫Adiu移來居住，而成為頭目稱謂Tangiradan家。其為大社分社顯而明也。

有趣的是，《系統所屬》成書較晚，移川教授卻似乎沒有參考《慣習調查報告》的記載。在移川的記載中，G村完全是「大社的分社」，而沒有提到居民中Vutsul的成分。值得指出的是，移川教授雖然沒有在內文中註明當時報導人的身份，但是在附錄的系譜資料中，就註明了系譜的口述者為Tangiradan家的Adiu，也就是最早移住的Adiu的孫輩。很可能內文的報導人也是同一個人。Adiu本身屬於大社系統的Tangiradan家，可能是這個因素，使得移川認定G村明顯為大社的分社。

我們第二步的工作，就是以這兩筆文獻記錄為基礎，與G村的耆老進行訪談。我們的訪談透過村長安排。訪談在村長的家中進行，包括村長本身，以及邀來的2位報導人vuvu i Muni（Muni婆婆）和vuvu i Takanau（Takanau公公）都仍然屬於由Tangiradan家分出的家系，和移川的報導人Tangiradan家的Adiu具有一從表（first cousin）的關係。他們的系譜關係如下頁圖：

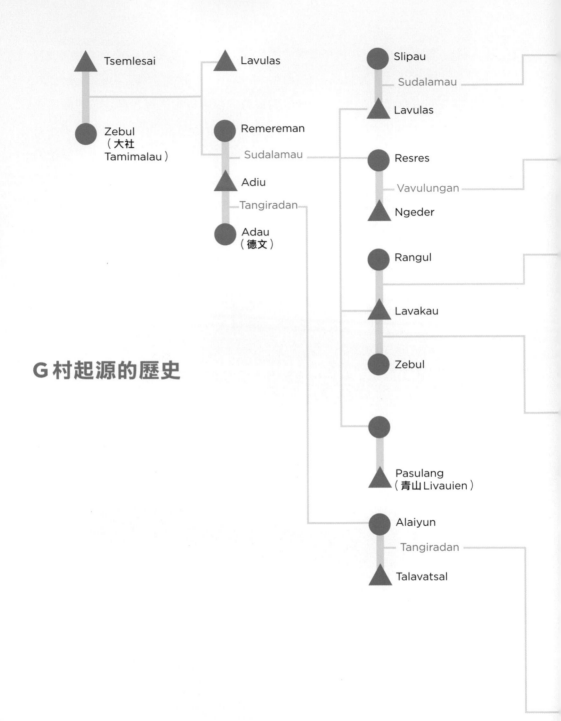

G 村起源的歷史

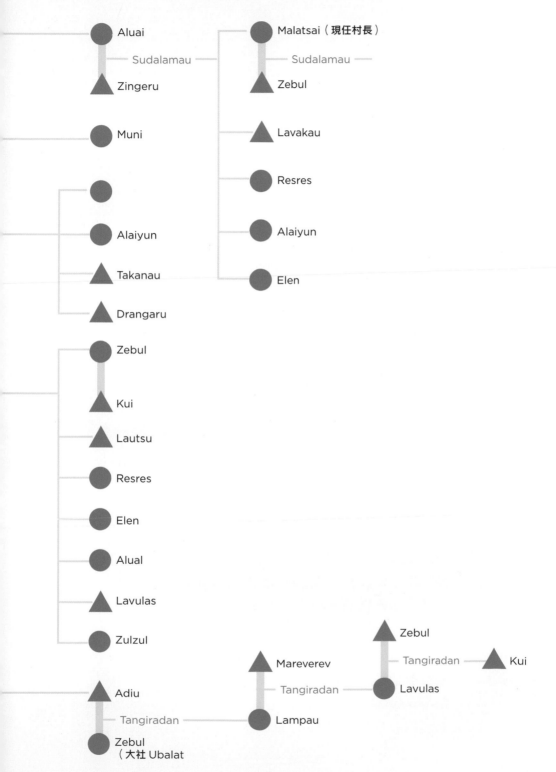

訪談開始，先由我的助理伊苞（排灣族）將日本文獻中的記載向報導人簡報，詢問文獻所載是否正確，vuvu i Muni 和 vuvu i Takanau 對於（可能是50年前表兄弟Adiu提供的）日文記載大體上沒有異議，但立刻在同樣的故事大綱上添加了更詳細的情節。他們倆位在敍述的過程中，基本上是互相贊同、互相補充的。經由他們兩位的補充，我們獲得關於G村起源的歷史版本如下：

本村最初由大社村的男子名叫La-tiliman及Pandjer兩人，帶著狗來到現址東方約4公里，G社溪上游左岸，稱為Ka-uma-an的地方打獵。要回去的時候，La-tiliman帶來的獵狗不肯離開，於是La-tiliman在Ka-uma-an中稱為的Teku-teku-an地方建家屋取名Kalimulan，就是現在的白家。Pandjer的狗也不肯離去，於是Pandjer在Ka-uma-an中稱為Se-lauz的地方建家屋，取名為Talimalau，就是現在的楊家。當時和他們兩人同來的，還有Suliapan和SatiʔIng兩人。Suliapan居住在稱為Tua-vatsinga上方，SatiʔIng居住在Padavadavang。形成一個新的部落。但Suliapan和SatiʔIng兩人後來又遷回大社去了。

Ka-uma-an一帶的土地原屬大社所有。Pandjer來到此地所建立的Talimalau家屋，也就成為大社Talimalau家的「別館（連絡處）」。大社的頭目Talimalau家交待Pandjer代收當地的稅賦，由Pandjer的Talimalau家保留三分之一，其餘的送交大社的Talimalau家。後來Ka-uma-an的人認為本地也不能沒有頭目，於是新建一幢家屋，取名為Tangiradan，迎接當時大社Talimalau家三姊弟中排行最小的Adiu（Lavulas的弟弟）前來當家。Adiu規定，所有本村的稅賦（vadis），La-tiliman所建的Kalimulan及Pandjer所建的Talimalau家都有一小部分的權利。農租（kazelu）則Tangiradan家完全

不拿，全部由大社的原家Talimalau家收取。後來因為Ka-uma-an水源枯竭，遷移到「下面」（i-teku）。這個稅賦與地租的習俗在Ka-uma-an和I-teku的時代一直遵循，直到日據時代遷到G社現址後就不再具有強制性，成為各家依照自己的意願奉獻一些東西給頭目。

接著，我們再提出問題：另一份日本文獻中提到G村還有一部分是布曹爾亞族（Vutsul）Talavatsal部落的人，是怎麼回事？我們的報導人指出：

仍在Ka-uma-an時，在鄰近的Padavadavang地方，已經有布曹爾亞族的幾戶人家居住。這幾戶人家來自T村，在T村該家有8個兄弟姊妹，最大的姊姊帶了兩、三戶人來此建屋居住。後來這群人以一個名叫Sa-Arutsangel的人為首。Sa-Arutsangel在T村時是pualu（世族），而且是專門管理祭祀（palisian）有關事宜的。Padavadavang位於大社人到平地的必經之路上。大社人認為Padavadavang勢單力薄，好欺負。往往在途經Padavadavang時，作出失禮的舉動。每次大社人經過Padavadavang時，Sa-Arutsangel都會為他們準備食物，而大社的人每次吃飽了以後，就連鍋、瓢、匙一起帶走。Sa-Arutsangel認為這樣繼續下去不是辦法，於是帶領他的幾戶人逃離該地。

Pandjer和La-tiliman知道Padavadavang的情況後，就去將Sa-Arutsangel追回來。因為Sa-Arutsangel會作祭儀（sman-palisi-an），Pandjer和La-tiliman便請求他和他的村民與他們一同回Ka-uma-an居住。他們對Sa-Arutsangel和他的人說：「你和你的家人同我們回去吧！你的地、你的人、你所走的路，無論是vadis（稅收或貢賦），我們絕不搶走屬於你的

東西。」於是Sa-Arutsangel和他的人就與他們一同回去,在Ka-uma-an設立palisi-an（祭儀傳統）。至今,G社的祭儀傳統是依照Vutsul的習慣,而Ka-uma-an以下的土地,也被認為是Vutsul的地。

所以,綜合我們到這個階段對於G村歷史的知識,一方面是證實了日本文獻的基本可信性。另一方面,可以歸納出主要的情節:

一、 來自大社的人建立了Ka-uma-an部落,是G村的前身。Ka-uma-an地方土地屬於大社,初期由建社者Pandjer新建的Talimalau家代替大社的Talimalau家收租賦,後來由大社邀頭目之弟前來另立Tangiradan家,直接收取地租以外的租賦。

二、 Ka-uma-an附近Padavadavang地方確有來自T村布曹爾亞族的人居住,初期受到大社的人欺負,但受到Ka-uma-an建社者的邀請,共同建立後來的G村。這些人會執行儀式,因此G村的祭儀傳統是屬於布曹爾系統的。

田野調查工作的第三個階段,就是座談會。這次的場合由於村長力邀,而且是為初稿作求證定案的工作,因此選在村辦活動中心舉行,會議桌圍坐著七、八位耆老人士。但最主要的,除了村長、Muni與Takanau三位屬於大社Tangiradan家系的報導人之外,還有50多歲的村幹事M君,以及50歲的牧師T君。T君除了擔任神職之外,也熱衷於本族文化的調查研究工作,而且更重要的一點是他本身屬於布曹爾系統的Zingeru家。座談會開始仍然是由我的助理伊苞先報告目前所知,就是上述的版本。但是只講完第一段主要情節,還沒交待第二段關於布曹爾T村人在Padavadavang的遭遇時,T君就介入,而提出了以下的故事:

T君：「你們剛才說的，其實只是一面之詞。我們G村真正的歷史，是由很多不同地方來的村人聯合構成這個部落。首先的時候，布曹爾的T村有一個大糾紛。有一家人，8位兄弟，大姐帶了兩、三戶來到Padavadavang（這時他轉向Muni與Takanau說：來到Padavadavang，沒錯罷？）建立兩、三戶的小聚落。聚落位於大社到平地的路上，但Padavadavang的土地是屬於布曹爾的土地，沒有錯，由Ka-uma-an以下就是布曹爾的土地。因為有這些人是由布曹爾來的，所以我們G村的制度、祭儀、宗教信仰是依照布曹爾的，和拉瓦爾的大社不一樣。是由布曹爾的T村的人來定我們的制度。另一方面，有大社的人Pandjer老遠跑到G村的舊部落那邊蓋了一個工寮開墾，和來自T村的Padavadavang的人成為好朋友。於是他們共同商量，同建一個部落。Padavadavang的人向Pandjer提議：「Ka-uma-an的地勢高峻，易守難攻，適合建部落，但那邊是屬於大社的土地，你是大社的人，因此何不由你的名義去插竿，建立部落。」也就是說，Ka-uma-an的土地布曹爾的人不好入侵，才建議由來自大社的Pandjer去插竿建部落，布曹爾的人參加。Pandjer建的家稱為Kalimulan。但是，新部落的制度、祭儀傳統都是布曹爾的傳統。

「此外，在那個時候，拉瓦爾的大社要進行一個部落的合併。拉瓦爾最早是有Tavalan和Duvung兩個部落，要遷到現址的時候，Tavalan和Duvung兩個部落討論要合併。這二個部落一向距離很近，常有摩擦，但基本上還是維持友好關係。商議合併時，條件是合併為一個部落後，以Tavalan的頭目Talimalau家為對外的總頭目，Dunung部落的頭目Ubalat家則掌管全部落的青年，負責勞役或對外作戰的動員。這時Ubalat家的當家頭目老大及老二都不答應，因為這樣就屈居在Talimalau家之下，但是老三答應了。老大Sa-Lipuen就帶

了一批人，也來到 G 村。老二到 R 村。只有老三留在大社。
老大 Sa-Lipuen 來 G 村時，帶的平民卻不是 Duvung 的人，
而是在現在 M 鄉範圍內稱為 Spalur 部落的人。因為 Spalur
當時在大社的勢力範圍之內。有一次 Spalur 的人到大社繳納
vadis（獵租），沒有到 Talimalau 家而直接將肉送到 Ubalat
家。Talimalau 家的人知道後大怒，要殺掉 Spalur 的人。但
是 Ubalat 家中有一名由霧臺（魯凱族）入贅的男子替他們出
頭，對 Talimalau 家的人說：『Spalur 的人是我的朋友，你們
如果要殺害他們，必須先經過我！』於是 Spalur 的人倖免於
難。他們對 Ubalat 家的頭目說：『我們就像死過一次了，我
們的命是你們家人救的。3 天之後，請到 Spalur 來將我們帶
走，作為你的部下。』於是，Ubalat 家的當家老大 Sa-Lipuen
將 Spalur 的人帶到 Duvung。後來因為反對與 Tavalan 合
併，Ubalat 家的老大 Sa-Lipuen 便帶領著這一批 Spalur 的人
離開，先到稱為 Lamuamuan 的地方，但那裡發生天花，於
是又遷到稱為 Laviavia 的地方。後來就加入 G 村，我們 G 村
的平民 90% 都是 Spalur 的人。

「來到 G 村的 Sa-Lipuen 又和來自布曹爾 T 村的大姊結婚，
婚入那個大姊的 Tavavatan 家。後來又放棄了 Tavavatan 家
屋，另外建立 Zingerul 家。幾代之後，Zingerul 家有一名男
子名叫 Sa-Kungu 婚入 G 社的 Talimalau 家。這個 Talimalau
家就是原來是大社來的 Pandjer 建立的，作為大社頭目
Talimalau 家人的別館，但在 G 村的 Talimalau 家屋本身是平
民。Sa-Kungu 婚入後，使得這個家變成 Duvung 頭目的家
了。大社的頭目 Talimalau 家人再來的時候，也不凌駕在 G
村 Talimalau 家的頭銜及特權之上了。

「在此種形勢下，原先 Ka-uma-an 的居民認為勢力受挫，便商

議決定本地不能沒有Tavalan系統的頭目，於是他們新建一幢家屋，取名Tangiradan。完成後迎接當時大社Talimalau家三姊弟中排行最小的Adiu前來掌管。因此，整個來說，我們G村的人包括有Tavalan的頭目、平民、Duvung的頭目、布曹爾T村的頭目、M鄉原Spalur部落的平民。因此我們G村不是一個單純的村莊。有時也有摩擦產生。

「來自大社Talimalau的頭目Adiu入主G社的Tangiradan家後，經常為了想要插手管Spalur這批人的事情，和Sa-Lipuen失和，甚至大打出手。Ka-uma-an和原來來自T村的居民會說：『這些被帶來帶去的Spalur人，為什麼要來和我們住在一起。』他們一度想把Spalur的人趕到現在的A村一帶去，但Sa-Lipuen鼓勵他們留下來，他告訴Spalur的人說：「為什麼要走？這個村子是我們建立的，要走應該他們走。

「因此，我們G村的歷史並不單純，要越辨越明。」

蔣斌：「T君說的這些，我們一定會加進去。但剛才報告的初稿收錄的還沒有完，請伊苞將其餘的部分（Padavadavang人受到大社人欺負的事）也報告出來，向各位求證。」

T君：「構成現在大社的兩個聚落Tavalan和Duvung，Tavalan的人比較有頭腦、有手段，但Duvung的人比較會打仗，要應付外面都是由Duvung的人出面。」

蔣斌：「請問Duvung頭目在G村建立的家稱為什麼？」

T君：「就是我那個家啊！家名Zingeru。現在G村的貴族70%都是由Zingeru家分出來的。」

村長：「但是，問題在於最早到Ka-uma-an建立部落的人是誰？」

T君：「是布曹爾T村的人。我剛才說了，因為土地是大社頭目的，才商議由來自大社的Pandjer上去插竿，建Kalimulan家。但這是T村的人建議他去做的。他們建議合組部落，而且後來G村的祭儀傳統都是布曹爾的，不是嗎？」

Muni：「是因為Pandjer帶來打獵的狗不肯走，就在這裡建部落的。」

村幹事：「那麼，最早在Padavadavang的布曹爾人，去建議Pandjer合組部落的人是誰？叫什麼名字？」

T君：「有Arutsangal、Taumutung家的人，也是我的親戚。但後來Taumutung有一半人又回T村去了。留下的就成為G村的pualu。」

村幹事：「最早到Ka-uma-an的人是誰？」

T君：「是La-tiliman和Arutsangal。」

Muni：「但我的 *vuvu* 交待我說（ *"djau-tsikel ni vuvu"* ）是La-tiliman和Pandjer兩人，來自大社的Tavalan，出獵到此，黃昏時狗不肯回去，La-tiliman的狗在Selauz不走，Pandjer的狗在Lalalivu不走。於是兩人都留下建立部落。」

T君：「他們只是建立工寮（ *tapau* ），而且Padavadavang離那邊很近。何況建立部落一定要有祭儀，於是Padavadavang

的人為他們作祭儀，才能 *sman kinalan*（建立部落）。」

Muni：「他們後來才到 Padavadavang 的。」

丁君：「但他們就是建立部落的人啊！」

Muni：「但我的 vuvu 交待我說（"*djau-tsikel ni vuvu*"）布曹爾丁村的人後來才到 Padavadavang 去的。後來 Spalur 的人也到 Padavadavang。」

丁君：「妳錯了，Spalur 的人哪裡有到 Padavadavang，Spalur 的人去那邊幹什麼？」

Muni：「Spalur……」

丁君：「丁村的人到 Padavadavang。Spalur 的人到 Laviavia。丁村的人之所以會到 Padavadavang，是因為一個大糾紛。到 Padavadavang 的這幾戶人家來自丁村，在丁村該家是 pualu（世族），有 8 個兄弟姊妹。大姊最初嫁到萬安（Aumawan）部落的頭目家，沒有生小孩，丈夫就死了。丈夫死後，這名大姊將夫家的琉璃珠和所有財產都帶回丁村本家。萬安的人知道了以後大為震怒，追殺到丁村來。當時萬安是很強大的部落，他們對丁村的人說：『你們的女人嫁到我們那裡，結果串通她的兄弟把我們頭目家的財產都帶走了。快叫那些人出來，否則我們要打仗了！』丁村的人說：『你們怎麼攻擊我們整個部落呢？只有那家幾個姊弟才是你們的對象。』同時又對那群姊弟說：『你們為什麼讓人追殺到這裡來？連同我們都遭殃。你們自己做的事，自己擔當，我們不保護你們。』於是這群姊弟與他們的親戚，都逃到平地去。連同他們帶走的

琉璃珠，也一直在平地流傳，後來連人帶珠寶才慢慢流回到Padavadavang地方。琉璃珠裝在很大的陶壺裡，現在不知道到哪裡去了。也有謠傳說仍然埋在就部落山裡。但是這個大姐很自私，財物也沒有分給弟弟們。後來事過境遷，弟弟們也都自立後，回到T村向老家部落的人說明，他們說：「這些過錯不是我們的，都是大姐和二哥。我們作弟弟的莫名其妙被帶走。」於是除了他們的大姊、二哥和最小的弟弟留在Padavadavang，其餘都遷回T村。留在Padavadavang的大姊，家名稱為Tavavatan。後來Tavavatan家的當家者名叫Sa-Arutsangel。由於這家人在三地門時是pualu（世族），而且是專門管理祭祀（palisian）有關事宜的，Sa-Arutsangal熟悉祭儀的知識。」

Takanau：「你說最早到Ka-uma-an的人除了Kalimulan家（Pandjer所建）之外究竟有誰。」

T君：「就是我的親戚啊！」

Muni：「但我的vuvu說的都不是這樣。Adiu是大社Talimalau家的弟弟，被邀來G村。」

T君：「是沒有錯，Kalimulan是Tavalan來的，Talimalau是他們真正的頭目，他們邀Adiu來G村作頭目。但那是因為有Duvung的Sa-Lipuen帶了Spalur的人，住在Laviavia，讓他們覺得勢力受挫，成為少數。他們不甘願，才邀Adiu來的。」

Takanau：「照這麼說，Adiu就不是到G村的Talimalau家。」

T君：「在山上就是Tavalan要將Duvung合併，Duvung的

頭目Ubalat不同意啊！後來留在大社的老三同意了，但遷離到R村、G村的哥哥始終不同意被Tavalan合併！一直有摩擦。」

村幹事：「我要說的是關於……」

T君：「我講的是事實喔，我沒有必要亂講。」

村幹事：「我們為了寫這個鄉誌，就發現每個人的說法都不一樣。我們就是要把聽過的，由上一代口中聽到的，講出來。總有一點會是相同的就記錄下來。這樣我們才能寫歷史。不能說只聽你一個人的，只有你一個人講，說什麼就是什麼。我們現在就是要看印出的報告，同意或不同意。不同意就說出來，不對的地方再補充。你不能說只有我講的是對的，為什麼不寫我講的。我們過去沒有文字，都是用口傳的，這樣有一個毛病，可能有一個人很會講話，講得很生動，就好像是事實。不會講話的人，就講不出來。我們每個人講的，也許不是完全對，但也有可以參考的地方。我們要這樣想。」

T君：「現在為什麼我們要說這個是事實，因為現在G村大部分，大概70%的土地，原來都是布曹爾T村的。都是他們最早來開墾的，雖然後來都賣了，但顯然是他們在此開墾最久，所以絕大部分而且最好的土地都是他們的。而且制度、祭儀都是他們（布曹爾T村的人）帶給我們的。」

Takanau：「我們是對這些說法都有聽說一些，知道一點。但我們『生不逢時』（"ini ka ta sini lavakan"），沒有親眼看到，不知道是不真的。」

蔣斌:「剛才我還想要求證一下關於Ka-uma-an附近Padavadavang居民與大社人的關係的一段。請伊芭再唸一段。」

伊芭:「……大社的人路過都會欺負Padavadavang的人……」

Muni:「不是欺負,是他們怕大社的人,這是大社的老人交待歷史時說的。」

蔣斌:「為什麼Arutsangal會祭儀,有祭儀的知識?」

T君:「因為他們家在T村就是*pualu*,負責執行祭儀……」

Takanau:「你只要講Arutsangal將祭儀知識以及T村的制度帶到我們G村就好了。前面大姊嫁到萬安的一段,不用再提了。」

T君:「是他(蔣斌)問我為什麼Arutsangal會祭儀,我才說明啊!我們在制度上也是布曹爾的,家中不論男女,老大就可以繼承,這就是最重要的證據,我們是布曹爾的制度。制度最重要。」

村幹事:「他們今天報告的,有一部分是日本人留下來的資料,不知道當時日本人有沒有給老人家看過?」

Muni:「我的vuvu有和日本人談過這些。」

IV

座談會的氣氛是相當熱烈的。T君雄辯滔滔掌控了大多的時間。
Muni與Takanau兩位長老大多對T君的立場早已知悉，但不以為
然。村幹事站在協助我們的立場，大抵是希望維持意見的交流與討
論的公平進行。這個事情的緣起當然是鄉誌的編撰計劃。安排這一
場座談，是文字化與國家社會構成的政治經濟大環境下，H鄉長透
過行政體系實現他重振或保護原住民文化的理想，所創造的一個「語
境」。使得相關參與者以往在個別或私下場合聆聽或演出的文本，被
帶到這個場合中，被「再脈絡化」（re-contextualized）。我們回
顧座談會的整個過程，大概可以提出幾個討論：

透過T君的參與，我們對於G村認識，由一個同質性，主要由大社
移民，或附加上少數「原來被欺負的」布曹爾T村構成的村落，擴
大為一個平民、頭目都來自四面八方的異質性極高的村落。也可以
說，由日據時代以來，研究者對於G村的歷史知識，多少受到來自
大社的Tangiradan家某種壟斷。直到座談會之前，我們的記載都來
自這個家系的報導人口中，因此故事的主軸一直是「大社平民出獵—
來此建村—邀請大頭目前來—附帶邀請勢單力薄的一小群布曹爾人
參加並提供祭儀」。T君出身於Duvung頭目與布曹爾聯姻建立的
Zingeru家，因此提供了一個很不一樣的景象：「布曹爾人來此開墾
最早—大社人來建獵屋（工寮）→布曹爾人鼓吹大社人以他的名義建
村（因為土地屬於大社的）→布曹爾人帶來建村所必備的制度與祭儀
→大社另一系統Duvung與Talimalau頭目不合→Duvung頭目帶
M鄉同屬布曹爾系統的平民加入G村→Duvung系統與布曹爾系統
聯姻→原大社（Tavalan）系統的居民感到威脅因而邀Talimalau頭
目家小弟前來立Tangiradan家」。不同的歷史景象，當然和口述者
的家系效忠有直接的關係。

另一方面，除了有關 Duvung 頭目一節似乎是全新的情節外，嚴格說來歷史的文本在基本內容上也有相當的一致性。即使是 Duvung 頭目帶領 Spalur 平民遷入的一節，Muni 與 Takanau 也並不反對。由這裡，我們可以進一步提問：爭執的焦點究竟何在？至少下面兩點是相當明顯的關鍵：（一）Pandjer 和 La-tiliman 來到 Ka-uma-an 建村，是帶有神性的獵狗的指引，還是布曹爾人的鼓吹？（二）由 Duvung 來的頭目以及他由 M 鄉帶來的平民，勢力有沒有超越大社 Tavalan 人以及他們邀來的頭目 Adiu？

由爭執焦點中各方使用的理由，以及提出的質疑，我們就可以接觸到論述中「後設語言」（meta-language）的部分。對民族誌研究來說，「後設語言」很重要的作用，就是可以透露出這個文化的基本運作邏輯。

T 君強調 Pandjer 和 La-tiliman 來到 Ka-uma-an 只是建了一個工寮（*tapau*）歇腳而不是建立部落。後來建立部落的動機，也是布曹爾人所鼓吹。T 君希望引用可見而且可用邏輯論證加以支持的理由來進行論述。

Muni 認為，是 Pandjer 和 La-tiliman 的狗不肯離開，和布曹爾人無關。獵人隨狗來到一地，因為狗不肯離開而建社，是排灣族口傳歷史中非常普遍的主題。Muni 依循的是一個比較慣例化的理由。當然，Muni 本人不一定知道這個主題在許多排灣部落都有，但這顯然是排灣族人對於部落開創一個最「理所當然」的解釋，也就是無須解釋。至少，這樣的解釋，同時，她也一再使用 "*djautsikel ni vuvu*" 的片語來建立她的論述的權威性。*djautsikel* 通常可以說是「要慎重交待的事」，大多是和家族過去有關的事。這樣的事，上一代交待給我，我就有責任找到頭腦、能力好的年輕人交待下去。獵狗的指示

與 *vuvu* 的交待，顯然可以提供相當的儀式效力，來抗衡 T 君以儀式必要性突顯布曹爾人重要性的立場。

另一方面，村長及 Takanau 則是逼迫 T 君明確說出，前往鼓吹 Pandjer 在 Ka-uma-an 建社的布曹爾人是誰，家名爲何。在排灣族口傳歷史的文本中，人名、家名與地名的連結，是一個核心的部分。在口傳的表演時，如果未能明確說出，就是一大缺憾，也會直接影響表演的有效性。

但是，兩方面都不質疑 Ka-uma-an 土地的所有權問題。該地顯然確實屬於大社 Talimalau 所有。Ka-uma-an 以下的土地，屬布曹爾人所有。伴隨著收租賦的權利，顯然並無疑義。

另一個重要的運作邏輯，就是婚姻與家名作用。Pandjer 在 G 村建立的稱爲 Talimalau，在當時可以說是爲了繼續承載或宣揚大社 Talimalau 家的名聲。大社的 Talimalau 頭目來到 G 村，也以這裡的 Talimalau 房子作爲行館。但實際上，這是一個平民的家，也沒有疑義。不過當 Duvung 的頭目 Sa-Lipuen 帶著 Spalur 的平民遷來後，透過精明地與布曹爾 Tavavadan 家聯姻，建立 Zingeru 家後，又與 G 村的 Talimalau 家聯姻。使得這個原本是平民的家，有頭目的人進入。這樣也妨礙了大社的 Talimalau 家繼續使用 G 村的 Talimalau 家作爲收租賦的代理人，或作爲行館。也使得原屬 Tavalan 系統的村民感到威脅，才有再邀大社 Talimalau 家 Adiu 前來的舉動。但 Adiu 來時，也就不能再稱爲 Talimalau 家了。必須另建家屋，另取家名爲 Tangiradan。這一個原則，也是參與座談的各方人士，心照不宣，共同默認的。

番族慣習調查報告書・1922

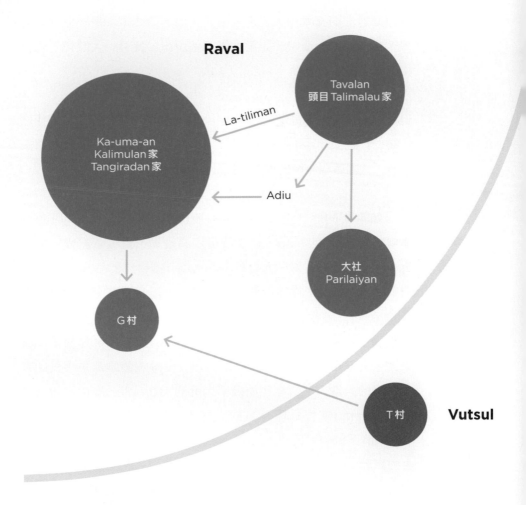

Raval

Tavalan
頭目 Talimalau 家

La-tiliman

Ka-uma-an
Kalimulan 家
Tangiradan 家

Adiu

大社
Parilaiyan

G 村

T 村 Vutsul

高砂族系統之研究 · 1935

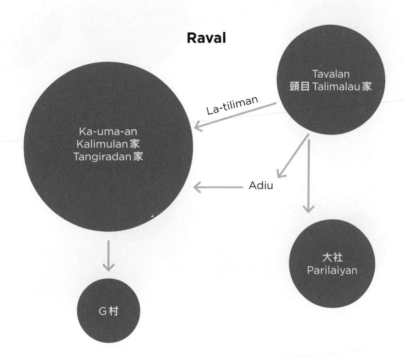

Raval

Tavalan
頭目 Talimalau家

La-tiliman

Ka-uma-an
Kalimulan家
Tangiradan家

Adiu

大社
Parilaiyan

G村

Muni, Takanau 和村長 · 1995

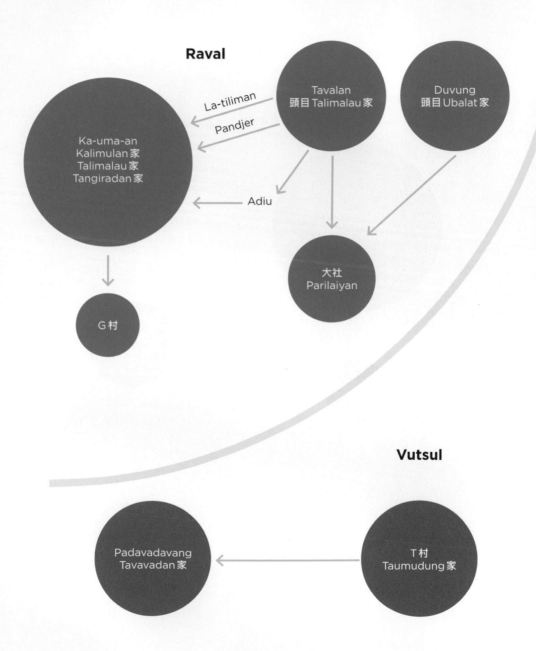

Raval

Tavalan
頭目 Talimalau 家

Duvung
頭目 Ubalat 家

La-tiliman

Pandjer

Ka-uma-an
Kalimulan 家
Talimalau 家
Tangiradan 家

Adiu

大社
Parilaiyan

G 村

Vutsul

Padavadavang
Tavavadan 家

T 村
Taumudung 家

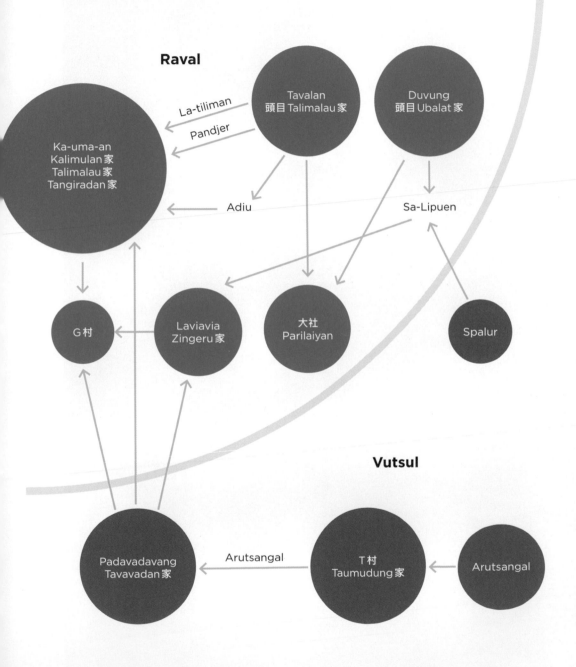

T君、Muni、Takanau 村長和村幹事 · 1996

Raval

Tavalan
頭目 Talimalau 家

Duvung
頭目 Ubalat 家

Ka-uma-an
Kalimulan 家
Talimalau 家
Tangiradan 家

La-tiliman

Pandjer

Adiu

Sa-Lipuen

G 村

Laviavia
Zingeru 家

大社
Parilaiyan

Spalur

Vutsul

Padavadavang
Tavavadan 家

Arutsangal

T 村
Taumudung 家

Arutsangal

砂勞越的旱田、澤田與水田

演化階段？技術類型？還是因地制宜？

03

東南亞稻作農業的相關議題

這篇短文希望藉由砂勞越的三種稻米耕作形式，討論人類學東南亞研究中有關稻作的兩個普遍的預設框架：其一是將山田燒墾與水田稻作視爲生產方式演化過程上兩個截然不同的階段；其二是低地水田稻作社群與周邊高地山田燒墾社群之間的共生關係。第二個預設實際上也建立在第一個預設之上，認爲低地水田稻作的社群同時也具備較爲「進步」或制度化的王權組織，周圍山坡或高地依賴山田燒墾的社群則呈現出較爲「落後」的部落組織型態。低地的複雜社會與高地的部落社會，兩者之間若即若離的共生關係成爲歷史學與人類學者者興趣的核心課題之一。本文描述砂勞越這三種並存的稻作方式，以及相關的民族誌脈絡，並不準備全面否定上述兩個預設框架的有效性，只是希望指出東南亞——尤其是島嶼東南亞——經濟與生產型態的多樣性與複雜性。提醒研究同仁，對於歷史或民族誌通則或模式的追求，應該更爲謹愼。

本文討論的三種稻米耕作形式，包括㈠山田燒墾、㈡沼澤水耕、以及㈢擁有灌漑工事的水田。[1]山田燒墾在中文文獻中經常稱爲刀耕火種或者刀耕火耨（slash-and-burn agriculture），同時因爲耕地必須輪流休耕的緣故，也被稱爲遊耕（shifting cultivation）。這三個常見的中文辭彙，其實可以說分別著重在這個耕作方式的不同面向，其一除了強調焚燒植被之外，也著重在這種農業地理分布上多爲山坡或高地；其二著重在砍伐與焚燒的耕作技術；其三則是著重在土地利用以及聚落的形態。對於這種耕作方式以及相應的社會組織形態，人類學討論的文獻已經十分豐富（例如Freeman 1955; Conklin 1961; Spencer 1966; 尹紹亭 1991, 2000, 2008等）。後文也會稍加介紹。本文討論的「澤田」，指的是在合宜的地理條件下（通常是在較小溪流蜿蜒環繞的周邊低窪地帶，而非主要河流的河岸），依據河流因乾濕季水量不同產生的週期性水位升降，利用河旁

的沼澤地帶，進行的稻作。這種「澤稻」（swamp rice）或「澤田」在有些英文文獻中，也被籠統稱爲「水稻」（wet rice），但是澤田和一般約定俗成所稱的「水田」（wet rice field or paddy field）仍有差別。除了缺乏大規模系統性的灌溉工事之外，在耕作方式以及在該社會糧食生產中所佔的地位，也有所不同。至於本文所討論的Kelabit高地上的水田，在外觀上相當接近整個亞洲平原地帶常見的阡陌縱橫的景象。但是，這個具備灌溉工事的水田生產形態，背後卻並沒有一個類似國家的社會組織作爲支撐。Kelabit族人雖然擁有階序化（hierarchical）的社會體系，區分貴族與平民階層，但是並未形成超部落的集權政治組織。他們頗具規模的灌溉系統，以及上下游之間水權的規劃，基本上都是透過部落間的協商，而非中央集權的統籌治理達成的。

本文的主旨，並不在於詳細討論每一種稻作方式的完整內容，而是希望透過具體的民族誌資料，彰顯一個觀點：就是這三種稻作方式，基本上應該被視爲是特定技術細節因地制宜的適應表現，而非文獻中經常會讓讀者誤認爲的：是三個涇渭分明的類型，或者是三個井然有序的演化階段。

東南亞地區，因爲地形的多樣性甚至「破碎」感，加上族群文化與社會政經體制的多樣繁複，從狩獵採集的遊群、不同程度定居的農業聚落、政治與宗教結合的古典王權政體、到高度工商業化及都會化的現代國家，無不具備，因此經常被區域研究學者或歷史學、人類學者視爲探討特定人類文明成就（例如農業、冶金、交換、地權、王權、國家等）發軔與演變的寶貴實驗室。學者固然普遍承認中國與印度兩大文明核心對於東南亞地區文化的影響，但是晚近的研究，更多的著重在本地區內在發展或呈現的特色。爲了要掌握東南亞複雜多樣的地理與人文景觀，某些啓發性[2]的分類是必要的。對於整個東南亞而言，最常見的分類，首先是在地理上區分大陸東南亞

（Mainland Southeast Asia）與島嶼東南亞（Insular Southeast Asia）。[3]其次，結合了地理與人文的因素考量，則會對於大陸東南亞，區分出低地（plain or lowland）與高地（upland or highland）兩個領域，對於島嶼東南亞，則區分出海岸（coastal）與內陸（interior or up-river）兩個領域。而這兩組看似基於地理條件所產生的二分法，其實伴隨著深遠的歷史與人文意涵：低地與海岸具有水田稻作的經濟基礎，並且發展出不同形式的王權（kingship）；高地與內陸則普遍以山田燒墾的生計形態為主（包含零散分布的遊獵採集群體），並且維持著部族（tribal）的社會形態[4]（參考Burling 1965; Hill 1979; Dutt 1985; Winzeler 2011）。

在這個全面性的二分對比架構中，我們如果聚焦在農業議題上，又會發現幾個一再出現的「常規」（conventional）智慧。其一是在上述的二分架構下，方便地將東南亞的農業形態區分為「部族農業」（tribal agricultural）與「鄉民農業」（peasant agriculture）（Hill 1979; Winzeler 2011）。前者指稱高地與內陸的燒墾農業（swidden agriculture），後者指稱低地與海岸地區的灌溉農業。燒墾農業被冠上「部族」的稱謂，代表它背後的相對獨立自主的社會形態；灌溉農業被冠上「鄉民」的稱謂，則代表它被納入國家統治範圍，成為Robert Redfield（1956）所說的「擁有部份文化的部份社會」（part-societies with part-cultures）。而在這樣界定方式的背後，無疑也存在著類似美國人類學者Morton Freid（1967）提出的「政治社會形態的演化」架構中，從部落性的「等級社會」（rank societie）演進到國家形態的「階層社會」（stratified societies）理論的影子。同時，也多少呼應了德裔美籍歷史學著Karl Wittfogel（1957）所提出的「水利社會」（hydraulic societies）的理論，認為大規模灌溉工事的需求，與國家體制的出現，具有一定的因果關係。上述的這些理論或概念架構，都表現出一定程度新演化論[5]的基調。

砂勞越峇南河中游達雅客族山田燒墾焚燒景象之一。

砂勞越峇南河中游達雅客族山田燒墾焚燒景象之二。

砂勞越峇南河中游達雅客族旱田旁的耕地小屋。

砂勞越峇南河中游達雅客族旱田旁耕地小屋中的山豬下顎骨。

另一個「常規智慧」,則是考古學與史前史中有關稻米栽培起源問題的討論。目前學者普遍認同的一種理論,可以稱爲「沼澤起源」論(Bellwood 2007: 206, 250)。即古代的遊獵採集人群,首先發現野生於沼澤地區的稻子,由規律性採食,漸漸發展成有意識的保護,進而在原生的(沼澤)環境中進行栽培。但是近河且水位規律性升降的理想沼澤不可多得,因此衍生出來兩種稻作形態,其一是在無灌溉的坡地上,依靠燒墾與降雨給養土壤,配合週期休耕輪耕的方式,栽種旱稻;其二是用人工的方式,模擬重建沼澤的環境,透過規律的灌溉與排水工事,栽種水稻。但是由於相對於山田燒墾而言,水利工事的人力需求甚高,不符經濟效益。因此就上列兩個可能的發展方向而言,除非發生人口快速增加,在時間和空間上不容許從容的土地輪休,否則山田燒墾會是較優的選項。

有別於上述考古學的農業起源研究,在可觀察的歷史或民族誌研究中,對於特定人群的農業形態演變,也有研究者建立了不同的概念架構。其中廣受引用的經典研究,可以舉美國人類學者Lucien Hanks (1972)的《稻米與人:東南亞的農業生態》一書爲例。Hanks這本書以泰國南部,當代首都曼谷東北方約35公里的Bang Chan作爲田野點,詳細記述了該地從1850年到1970年代的農業變遷。針對這個變遷的歷史,Hanks區分了:1850至1890的「遊耕時期」(Years of Shifting Cultivation),1890至1935的「播種時期」(Years of Broadcasting)以及1935至1970的「移植時期」(Years of Transplanting)。[6] Bang Chan在1850年之前,是一片人群難以進駐的莽原地區。泰王拉瑪三世(King Rama III)爲了抗衡越南勢力的擴張,在1830年代下令開鑿從曼谷向東北延伸的賽薩運河(Saen Saeb Canal),運河完成後,才有原本曼谷周邊的無地貧民逐漸移居前來。第一個時期的移民,依賴旱地的燒墾農業;第二個時期更多的移民前來,選擇河邊自然淹沒的土地,進行播種式的稻作;第三個時期人口增長更多,同時在國際市場的糧食需求

下，Bang Chan進入了高產量的移植農業時期。

Lucien Hanks在Bang Chan進行了細膩的歷史與民族誌研究，當然他給自己的使命，完全不是在企圖建立一個單線或單方向的（unilineal or uni-directional），而且放諸四海皆準的人類農業演化的模型。但是由於這份研究廣泛的受到引用（例如 Reid 1988: 18-25; Winzeler 2011: 129-132），也使得他的三個階段，在不知不覺中被視爲理所當然的東南亞農業發展的路徑。而其中特別突顯的關乎產量的耕作技術：「播種」相對於「移植」，也就成爲了兩個截然有別的農業類型。[7]同時，Hanks的第二個階段，在實際耕作方式上，就等同於沒有灌溉工事以及插秧程序的水田耕作，也就是本文所說的澤田。這樣就構成了一個山田燒墾發展到澤田，再發展到「成熟」的水田稻作的發展實例。

固然，19世紀發展出來宏觀的文化單線演化論，在20世紀中葉之後，因爲其中包含過多的臆測與政治偏見，而且缺乏實際史料及民族誌基礎，已經普遍受到人類學者的拋棄。但是針對特定地區，透過具體經驗材料的蒐集與分析，建立起來有關物質文化特別是技術發展階段的理論範式，仍然受到一定程度的採用。對考古學研究而言，要從本身不發聲的出土物件中理出頭緒，依靠某種發展階段的理論範式對材料進行解讀，可能是不得不然的方法。何況如果處理的是層位豐富的遺址，則文物製作技術的演變，也是歷歷在目、不可迴避的基本現象。但是另一方面，當代的考古學也一而再的以實例顯示：對特定的物質文化要素而言，技術並不必然是依循著單一方向，由簡入繁地發展的；如果涉及的不是單一要素，而是像農業這樣一整套的文化叢結（cultural complex）的話，何者爲簡、何者爲繁，「簡」、「繁」的標準如何認定，更是複雜，切不可依賴自身的常識，作想當然耳的推斷。除了上面提到的，廣義的水稻耕作，經常容易被視爲在技術上比旱稻耕作來得複雜，所以應該是較爲後期的

發展之外，另一個東南亞農業歷史上常見的迷思，就是假定根莖類作物（root crops）的種植與食物處理（food processing）技術，要比穀物（cereal）來得簡單，因此必然代表著穀物栽種出現之前的一個更原始的形態（Sauer 1952）。

對於這樣的假定，澳洲考古學者Peter Bellwood並不贊成。Bellwood綜合了考古學以及歷史語言學的資料，認爲南島語系的族群在開始由北往南遷移時，[8] 已經擁有成熟的穀物農耕知識。在往熱帶移動的過程中，又沿途獲得了根莖類作物以及椰子、麵包果、香蕉等作物，擴大了他們的農作物品類（Bellwood 2007: 242）。當他們繼續遷移接近赤道，繼而東移進入大洋洲，發現日照及其他氣候及地理條件不適合穀物生長時，就自動降低穀物在糧食中的比重，而更爲依賴根莖作物。尤其是進入大洋洲之後，幾乎完全放棄了穀物農業，而全面依賴根莖類的食物，成功地殖民到太平洋中所有可居的島嶼上。但是另一方面，繼續南遷的南島民族祖先，在赤道以南，具有比較明顯乾濕季替換的地區，例如爪哇及峇里島，又大幅度提高了稻米耕作的比重。換句話說，作物的種類，不論是穀類還是根莖類或者果實，都應該被視爲同一分農業知識作物清單上的項目，可以因地制宜地取用，而不應該被視爲是處於不同演化階段的不同族群，各自的代表性食物。

以上引述的Bellwood的論點，主要是針對作物品類消長的討論。在農業形態方面，他基本上支持稻作起源自沼澤地區的論點（ibid. 206），而在南島語系族群祖先南遷的過程中，首先也是利用合適的沼澤地帶，進行澤田的稻作；等到人口增加，合適的澤田難求，才開始利用不具天然水源的坡地，進行山田燒墾的旱稻耕作（ibid. 250）。這個論點與上述Hanks的山田燒墾先於澤田播種式稻作的發展過程，恰恰相反。前文已經指出，Hanks本身處理的是特定聚落農業發展的實際歷史過程，並沒有建立普遍演化模式的企圖。其

實即便是沿用他提出的三階段論述的 Anthony Reid（1988: 19-20）也強調：這三種耕作方式，往往同時存在；特定的人群，也通常同時具備這三種方式所需的知識，在不同的環境條件下，因地制宜的取捨使用。而取捨的考量，也不一定和 Boserup（1965）最初提出的人口壓力因素有關。

本文接下來，希望透過砂勞越兩個族群——低地的 Iban 與高地的 Kelabit——的農業形態的討論，彰顯出不同的農耕形態之間，其實並不是截然劃分的。它們既不是涇渭分明的演化階段，不同農作方式的取捨，背後的理由甚至不一定是純粹經濟或實用技術層面的，其中還包括了宗教儀式與個人聲望的競爭。因為農耕並不僅僅是一種產食的活動，它是一種全面的生活方式。

砂勞越的歷史與族群概述

砂勞越位於婆羅洲西北部，目前為馬來西亞聯邦的一個州，常與沙巴並稱為東馬。大致從13世紀以來，汶萊（Brunei）蘇丹勢力崛起，名義上籠罩整個婆羅洲，也使得婆羅洲（Borneo）因而得名。今日的砂勞越地區自然也被納入勢力範圍。1830 年代，砂勞越東南一帶的部族領袖反抗汶萊蘇丹的「統治」，[9] 並且發生頻繁的劫掠事件，當時造訪的英國人 James Brooke 受蘇丹之託平定「叛亂」，1841年受封為王，史稱「白人王」（The White Rajah）。最初汶萊蘇丹授與布洛克的領土僅限於東南一帶，其後布洛克家族逐步鯨吞蠶食，而汶萊蘇丹勢力日益衰退。到了20世紀初，布洛克家族的統治範圍已經涵蓋了現今砂勞越的全部疆域。第二次世界大戰期間，由1941年12月到1945年8月，日本部隊佔領並控制砂勞越大部分沿海地區。戰後布洛克家族自忖無力承擔艱鉅的復員工作，於1946年7月將政權讓渡予英國政府，砂勞越正式成為英國的殖民地。

1963年馬來西亞成立，砂勞越加入成爲聯邦中的一個州。

砂勞越的土地面積有12萬4千餘平方公里，人口依據2010年的統計約242萬。在整體的族群組成上，砂勞越表現出島嶼東南亞一個常見的形態：說南島語的土著族群大致分爲兩大類，原居海岸的族群受到伊斯蘭教的洗禮，形成語言文化上趨於同一的「馬來人」（Malay or Melayu），內陸未伊斯蘭化的族群，少數保持以精靈信仰爲主的傳統宗教，大多數在20世紀中改宗爲基督徒，這些族群在西方文獻中被泛稱爲「達雅族」（Dayak）。在「達雅」族群中，伊班族（the Iban）的人口在2010年約60萬，佔總人口的29.6%，不只是「達雅」中的最大族群，也是整個砂勞越境內的最大族群。除了伊班族之外，依照官方慣用的分類，「達雅」族群還包括Bidayu（英文文獻中也稱爲Land Dayak，人口約133,000）、Melanau（人口約92,000）以及居住在內陸與主要河流上游統稱爲Orang Ulu（人口約86,000）的族群。除了土著族群外，移入的族群則主要包括華人與印度人。

這篇短文將要討論的稻作型態，主要包括伊班族的旱田（山田燒墾）與澤田；以及被分類爲Orang Ulu的一支的Kelabit族特有的具備灌溉工事的水田。依據口傳，目前砂勞越境內的伊班族（早期文獻中稱爲Sea Dayak）來自婆羅洲中部（現印尼所屬的加里曼丹）的Kapuas河流域。大約在15代之前，經由坤幫河谷（Kumpang Valley）移入砂勞越，在現在第二省（Second Division）的Lupar、Skrang、Ai、Saribas等河流域展開殖民，排擠或吸收了原來零星分布在這個區域內以狩獵探集爲生的Punan、Bukitan與Seru等族群。由這個廣大的區域中，一部份的伊班族向西南移入目前第一省（First Division）的範圍，另外一部份大約在18、19世紀之交時抵達了拉讓江（Btg. Rejang）三角洲的外緣，由19世紀初葉開始向上游擴張，雖然在這個過程中受到這個地區定

居的Kanowit、Tanjong、Kayan、Kajang以及游獵的Ukit與Bukitan等族群的抵抗，但是到了19世紀中期，布洛克政府開始利用歸順的伊班族人作爲傭兵，一方面「平定」了整個拉讓江流域，也讓伊班族移居到中游以上的地區。20世紀初，在政府各種限制與不鼓勵的政策下，包括第二省與拉讓江（第三省）的伊班族，仍然展開了向東北方第四與第五省的擴張，形成今日伊班族在砂勞越各個行政省都有分布的局面（Jensen 1974: 18-22）。但是伊班族的分布主要是在低地區域。傳統上伊班族人絕大多數居住在沿著河岸建築的長屋之中。社會組織上表現出明顯的平權、個人競爭與流動性高的特色（Freeman 1955; Sutlive 1978）。

Kelabit族（人口約5,000）居住在峇南河（Btg. Baram）上游，砂勞越與印屬加里曼丹交界的Kelabit高原地區。Kelabit的口傳歷史沒有任何由其他地區移入高地的故事，依據傳說，族人自始即居住在這個跨越馬、印邊界的高原地區，反而是在洪水的傳說之後，部份族人向下游低地移住，其中一部份移往接近今日汶萊的Lawas河下游一帶，甚至和汶萊蘇丹的王室也有聯姻關係。另一部份沿著峇南河向下游遷徙，直到遭遇了正在擴張中的Kayan族，[10]才有一部份又遷回Kelabit高地。Kelabit族傳統上也構築長屋聚落居住，他們包括貴族、平民與「奴隸」的階序化社會組織。此外，Kelabit族也有南島民族常見的，透過舉行儀式性的饗宴，提高自己社會聲望的傳統。以及爲了紀念重大祭儀（主要是命名與喪葬）而樹立巨石或挖鑿山稜線等改變地景的習俗，受到學者相當多的討論（Harrison 1959）。

伊班族的社會與農業

伊班族的長屋社會，自從19世紀中葉以來，就受到廣泛的報導。早期文獻對於「全村數百男女老少共同居住在一個屋頂下」過著集體社會生活的印象，透過20世紀中期以來較翔實的民族誌研究（e.g. Freeman 1955; Sutlive 1972; Jensen 1974），已經清楚地呈現出：伊班族其實是一個流動、鬆散與平權的社會。依據這些民族誌的描述，我們可以將伊班族的基本社會組織原則摘要如下：伊班族的長屋聚落（longhouse or *rumah panjai*），是以個別家戶爲主體所構成。每一個家戶居住在一個*bilek*（家宅單位）中，每個*bilek*彼此相連，各自有一個前門，[11] 通往串連起各家宅、屬於長屋公共空間的前廊。*bilek*內部在縱深上又經常分隔成三、四個房間，作爲寢室、烹飪等作息之用。由公共長廊的位置回望，則可看見長廊的一側有出入口通往開放式無頂遮的整條露台，作爲工作或曝曬的空間；另一側則是整列通往個別*bilek*的家門。因此在日常語言中，常以「一座長屋有多少個門」，來指稱或詢問該座長屋聚落有多少戶人家。門數越多，代表該長屋的屋長（*tuai rumah*）[12] 領導統御有方，不僅「近悅遠來」，較少家戶棄家他遷，也會成爲附近長屋欽佩的對象。

伊班族的家戶單位，通常的形態是包括父母與未婚的子女構成的核心家庭，但偶爾也可以發展成爲包括祖父母、一名已婚子／女及其配偶、未婚子女加上孫子女的主幹家庭。家戶是擁有財產的單位，在經濟活動上擁有完全的自主性。不論是出生、收養或婚入的成員，只要仍然居住在這個家宅單位中，就有分享家戶財產與資源的權利。家戶財產——包括旱田，休耕中的再生林，米糧，陶壺、銅鑼、琉璃珠等寶物，以及所居住的*bilek*——都可以由任何一名子或女繼承，婚後居處的形態也隨之呈現出從夫居與從妻居機率相等的局面。成年的同胞之間或者兩代之間的齟齬，往往造成分家，一對以上的已婚同胞鮮少共同居住在一個家宅單位中。分家時除了「祭穀」（*padi pun*）和磨

刀石（*batu pemanggol*）之外，都按照同胞的數目儘量等分。新成立的家戶，可以選擇在長屋的一端有空地的位置，另建新的*bilek*，或者在已經他遷的家戶原來*bilek*的空位，建築自己的*bilek*，也可以透過任何一條雙邊親屬關係的聯繫，加入已有親屬居住的其他長屋。

雖然絕大多數的達雅族群在傳統上都是以山田燒墾爲主要的生計活動，並且以長屋爲基本聚落形態，但是伊班族基於游耕而產生較其他族群爲高的機動性與旺盛的擴張性，向來受到學者的注意（e.g. Sandin 1967; Vayada 1969; Padoch 1978）。不只是伊班族的遷移與擴散歷史本身成爲重要的研究課題，而這種頻繁的遷移，也被視爲伊班族長屋聚落不論是在建築方式還是社會組織方面，與其他族群長屋聚落明顯不同的重要原因。相對於其他居住長屋的族群，「傳統上」伊班族的長屋除主要樑柱使用硬木外，其餘部份以竹材爲主，耐久性較弱而機動性較強。在長屋的聚落組織上，則表現出高度的平權與流動性，遷移、分裂、重組十分頻繁。

除了旺盛的擴張力，複雜的遷移史，熱帶雨林中的山田燒墾生計，雙邊（bilateral）或血族型（cognatic）的親屬原則所形成長屋社會組織的流動、平權特徵，以及家戶的自主性之外，研究者（例如Freeman 1992; Sutlive 1978; Kedit 1993）更指出：和這整套社會經濟現象相容的伊班族的文化價值，表現出的就是高度的個人主義與進取心。D. Freeman (1992: 47, 129)直接用「個人主義」（individualism）來形容伊班族的價值觀。V. Sutlive (1978: 102-113)則進一步列舉伊班族的文化價值包括：「自足性」（self-sufficiency），「合作與競爭」（cooperation and competition），「平等主義」（egalitarianism）與「機動性與機會主義」（mobility and oppportunism）等主要旨趣。自足性除了強調從小訓練個人的自立外，更重要的是家戶在經濟（特別是農耕）上的自給自足。在農作的換工以及長屋基本結構的建築上，伊班族都表現出合作以及「以

公衆決議爲依歸」的精神，但是另一方面，競爭的精神又幾乎貫穿了伊班族社會生活的所有層面：在農作上，家戶之間比賽開墾的面積、工作時間的長短與收穫的數量；在長屋的建築上，家戶之間也會就各自 *bilek* 所用的建材質地與施工品質暗中較勁（蔣斌2002）。在這幾個價值觀的作用之下，形成了伊班族以成就取向爲主的平等主義：每一個人依其能力獲得應得的報酬或社會肯定，而每一個人也都有同樣的表達意見、決定自己未來的權力。個人能力成就畢竟有所不同，在伊班族社會中，個人之間、親屬之間或者家戶之間因爲忌妒猜疑齟齬以致難以相處的局面並不罕見。而整個長屋聚落成員也就像家戶成員一樣，舊成員的出走與新成員的加入，都是經常性的現象。雖然長屋的團結與門數的增加，多少也被視爲整個長屋以及屋長個人的一種道德成就，但個人或家戶在衡量利弊得失之後所作的去留決定，基本上都會受到社會的尊重，並不被認爲是違背道德或習俗的行爲。

D. Freeman（1992）對於伊班族的研究，除了說明雙系、平權與個人競爭的社會特性之外，最重要的，就是指出山田燒墾的稻作農業，乃是伊班族整個社會文化體系的重心。稻作不只是伊班族社會與儀式生活最主要的表徵，也是伊班族人觀的核心語彙。在強調平權與個人主義的價值基礎上，個別的伊班族男人與女人透過遊歷、狩獵、獵首、織布等活動，彼此競爭，凸顯個人的成就。另一方面，稻米的耕種則是一個家戶男女兩性合作成績的表現，收成的多寡也就成爲家戶與家戶間的競爭。在山田燒墾的農作中，砍樹、焚燒與整地的工作，由男女共同進行。播種的工作男女分工的界限就非常清楚，由男人持掘棒依據規律的間距在土地中挖出小洞，女人隨後將數粒稻種放置洞中，並加以掩埋。在稻株成長到收成過程中的不同階段，家中成員不分男女，又戮力謹慎地執行各種極爲繁複的儀式，來盡力保障像樣的收成。在日常語言中，有關稻作與稻米的辭彙、隱喩極爲豐富；足夠的耕作知識與成功的稻穫，是構成社會聲望的基本條件。將稻作視爲伊班族的「整體社會事實」（total social fact），絕不爲過。

伊班族 Rumah Gudang 的澤田用竹子在沼澤上架設的步道與耕作小屋。

伊班族 Rumah Gudang 的澤田用竹子架設的步道之下的沼澤。

在大多數伊班族的民族誌文獻中，有關稻作的討論都是以旱稻（*hill paddy*或*padi bukit*）爲主。旱稻的栽種依賴典型的山田燒墾技術，並且進行輪耕，每一塊田地種植一季（一年），就需要長達10年或15年的休耕。然而，比較少受人注意的是：許多分布在河流下游的伊班族聚落，在地理條件允許的情況下，也種植相當比重的水田，而除了晚近透過政府農業推廣計畫所示範的少數灌溉水田之外，伊班族的水田大多是自古傳承下來，依賴自然沼澤地形進行稻作的「澤田」（swamp paddy或*padi paya*）。

伊班族Rumah Gudang的澤田用竹、木在沼澤上架設的步道。

Vinson Sutlive（1978: 119-128）曾經描述伊班族的澤田稻作的情形。他的民族誌資料來自拉讓江（Btg. Rejang）中下游的4個伊班族長屋聚落：包括最下游接近Sibu（詩巫）市的Rumah Nyala、略往上游的Rumah Nyelang、Rumah Imba以及Rumah Gaong。按照Sutlive的說法（ibid.: 3-4），這4個聚落當中，最接近Sibu的Rumah Nyala受到外界涵化的程度最高，而位於最上游的Rumah Gaong則相反地涵化程度最低，保持了最多的伊班族「傳統」文化。[13]另外兩個聚落，在地理上差不多位於Rumah Nyala和Rumah Gaong的中途，而位置居中的這兩個長屋，都同時種植有旱稻與澤稻。[14]Sutlive指出：在農業曆法與基本種植技術上，都與位於山坡地帶的旱稻種植，沒有本質上的區別。農耕開始的日期，同樣由全村所有家戶開會決定；澤田與旱田一樣，需要墾伐清理，也需要休耕。兩者主要的差別，在於澤田砍伐清理所需的勞動力較少；如果沖積為土壤帶來足夠的養分，則一輪可以使用的年限較長，休耕的年數相對較少。而有些旱田特有的祭祀，在澤田的耕作中，就可以省略，僅僅保留主要的磨刀石祭與新穀入倉祭。此外，澤田的開墾與清理，雖然男女兩性會合作進行，但是男性勞力的必要性，不如開墾旱田來得高。而在開墾完成之後，男性就有更大的自由度，去從事農業以外的活動；後續的種植工作，基本上都由女性負責。相對於旱田種植時，男性用掘棒鑿土，女性在洞中播種，高度儀式性的男女分工，在澤田的種植中，這些全部由女性負責，但是仍然與女性具備農業生產力的觀念，保持相符。Sutlive研究的澤田農業，同樣具有培養秧苗，再行移植的程序。人們在離開沼澤，附近較高的坡地上開闢苗圃。而對待秧苗的態度，基本上等同於旱田耕作時，人們對待祭穀（*padi pun*）[15]一樣。秧苗就緒了，再由女性整齊的移植到澤田之中。其後的看守、除草、防蟲鳥之害，以及收割方式，都與旱稻的種植雷同。

但是，Sutlive對於拉讓江中下游伊班族澤田的描述，有一個基本的觀點，就是他認為：伊班族文化，基本上是在山坡地（hill）的環境

中發展出來的（ibid.: 61）。山坡地的環境，不只是伊班族傳說中的故地，也是整套文化發軔的背景。而拉讓江流域的伊班族人，在歷史的遷移過程中，也是由西南方的Saribas河流域上游，越過分水嶺，進入拉讓江中上游，再逐步往下游移動的。因此，Sutlive對於拉讓江伊班族澤田稻作的描述，始終是將它放在往下游遷徙，接觸到馬來人、華人與Melanau族，接觸到市集，接觸到政府農業改良計畫，學習使用化肥與農藥，這樣的脈絡中，加以瞭解的。因此也隱含著：這是伊班族人由山坡地帶的故地，以及僅有山田燒墾的生計方式，向河流下游平原地區遷移過程中，出現的農業形態。對於Sutlive的觀點，筆者認為：他強調澤田耕作方式與山田燒墾耕作方式並無本質上的不同，是正確的；但是暗示澤田稻作是一個遷移至新環境並與其他族群接觸過程中才出現的稻作形態，則不見得具有普遍的適用性。

我於1999年在峇南河下游Marudi鎮附近的Rumah Gudang以及Batu Niah鎮附近的Rumah Chang兩個伊班族長屋聚落進行了有關澤田的觀察與訪談。Rumah Gudang位於Marudi東北東方大約8公里的地方，海拔高度僅16公尺，是一個擁有50個門的長屋。相傳是在19世紀後半，在Brooke政府的勸誘下，由西南部的詩里阿曼（Sri Aman）[16] 兩個長屋的居民合併遷移過來。當時族人本來就需要持續地尋找新的耕地，因此也沒有甚麼反對的意見。最初居民在Marudi要塞（現博物館位址）旁建立長屋，後來發現目前的位址藤類生長茂盛，取用方便，於是再遷居到此地。Rumah Chang則是位於砂勞越美里省（Miri Division）[17] 尼亞河（Btg. Niah）右岸支流當鱷溪（Sg. Tangap）的右岸。距離美里市大約80公里，車程一個半小時。聚落的西南側，緊鄰著以岩洞遺址與燕窩生產聞名的尼亞國家公園（Niah National Park），由Rumah Chang步行約4公里多，即可抵達公園的西側的石山鎮（Batu Niah）。Rumah Chang在21世紀初，是一個擁有兩條長屋，總計70個

門，美輪美奐的木造長屋。周邊還有二、三十間「馬來式」的獨立家屋。基本上是一個經濟條件優渥，[18] 頗受區域內其他居民欣羨的長屋聚落。Rumah Chang 的最初居民，來自拉讓江的支流Entabai河與Julau河一帶。後來屢次遷徙，經過民都魯（Bintulu）附近，再於1940年左右，遷移到目前的位址。

根據這兩處長屋報導人的意見，澤田並不是一種全新的或外來的技術，相對於傳統山田燒墾而言，只是一個不同工作量與產量上的取捨調整。基本上由於澤田定期受到可以深達1尺的水淹沒，使得土壤的養分不至於在一季耕作後就耗盡，稻穫量較高也較為穩定。澤田一般並沒有構築田隴、灌溉渠道，或其他大規模移動土方（earth moving）的需要。但是由於先天的沼澤地形各有差異，有些田地可以純粹依靠自然的水位升降，達到理想的淹沒與排水的需要；但是也有一些澤田，在稻株成熟後，田水仍然無法下降或自然排出，就需要在田地與溪流間的河岸上挖開幾處缺口，讓田水排出。換言之，澤田就是一處自然理想的稻米生長環境，一如前文提到考古學者推論的人類最初發現野生稻米而加以利用時的環境。但是當代實行澤田耕作的伊班族人，當然不是原始的農民，他們是高度熟練且博學的稻米專家，充分瞭解稻米生長所需要的日照與土壤養分條件。只是當這個條件不完全理想時，需要投入一定的人力對於環境加以改善。但是這些工事對於環境的改變，可以說都是極簡的（minimal），基本上仍然是一種在保障產量的目標下，對於稻米原生環境的摹仿。至少在伊班族人眼中，他們對於稻作的知識是全面的，澤田相對與山田燒墾而言，這並不是甚麼劃時代的不同技術階段或者類型，而只是因地制宜的必要手段，就像是工具箱中的不同工具，「用之則行、舍之則藏」，完全視環境需要而定。

和是否需要進行微量土方工事類似的，還有是否進行移植的問題。前文提到Lucien Hanks用年代階段的方式，區分「播種時期」與

「移植時期」。但是對伊班族人來說，澤田的栽種的方式有兩種：如果是在田水較深的沼澤中，就先進行簡單的播種（稱爲 *nabor*），等到秧苗長出水面，發現分布極不平均時，就會將過度密集的秧苗分散到疏鬆的區域，以促進每一稻株的生長。但如果是在水深較淺，也就是相對少水的澤田中，就會在澤田旁的坡地上先開闢苗圃，先培養秧苗（稱爲 *cemai*），等到秧苗長至約 8 寸高時，再以等距插秧的方式，移植到澤田中。因此，移植的方式不只一種，但是兩種移植都稱爲 *betembak*。移植與否，或是採取何種方式，也都是因地制宜的結果。而是否出現移植的程序，顯然也和灌溉系統的有無，沒有必然的關係。

在農作的性別分工方面，澤田與旱田存在著相對比重的些許不同。在開墾旱田時，不論是原始林還是再生林，由於休耕年數較長，樹木都比較多，因此負責砍樹的男人工作量較大；開墾之後在種植時，男人負責掘洞，女人負責下種；其後的照顧雖然兩性應該分擔，但是男人往往利用這段時間外出遊歷（*bejalai*）（Kedit 1988），而將農事的重擔留給女性負責。相對的，澤田的開墾，由於較少高大的喬木需要砍伐，因此砍除植被的工作，由男女平均分擔；種植主要是女性的工作。但是澤田在種植之後，稻株成長過程中，除草的工作量比旱田來得重。而就價值觀而言，男性只要獲得家人（妻子）的同意下，仍然可以心安理得地外出遊歷。因此女性照顧澤田的工作量，實際上比旱田更繁重一些。直到稻穗成熟，進入收穫的階段，才又可以比較確定地指望男性回家參與。除此之外，在對待稻米的信仰上，旱稻與澤稻並無差異，兩種稻米的精靈都稱爲 *pemala*。收割時避免嚇走稻米的精靈，而使用稱爲 *ketap* 的手刀（finger knife），只割取穗部而非梗部，在旱稻與澤稻也都相同。

張長屋伊班族的澤田開墾過程中砍倒喬木。

張長屋伊班族的澤田砍倒喬木後的田地景象。

張長屋伊班族的澤田在砍倒的喬木中插秧後的景象。

張長屋伊班族的澤田在砍倒的喬木中插秧後的景象。

張長屋伊班族的澤田旁另闢的苗圃。

張長屋伊班族的澤田旁，族人建立苗圃，正在切短秧苗準備插秧。

張長屋伊班族澤田旁苗圃已經切短準備插秧的秧苗。

張長屋伊班族的澤田旁設立的祭壇。

張長屋伊班族澤田旁設立的祭壇及塑膠袋中的雞蛋貢品。

張長屋伊班族澤田女性正在插秧。

張長屋伊班族澤田女性換工團體正在插秧。

下表是峇南區（Baram District）各個亞區稻米產量的比較，由這個表中我們可以看出，在所有地區，澤田的單位產量幾乎都可以達到旱田的兩倍。Rumah Chang 由於交通便利，加上鄰近的油棕產業發達，今日所有的家戶都以澤田種植稻米，將坡地的旱田改種油棕，作為現金的來源。在交通比較不方便的 Rumah Gudang，所有的家戶每一年都同時在旱田與水田中進行稻作。伊班族種植的稻

砂勞越峇南區稻米收穫量

（資料來源：峇南區農業部1999）

分區	澤稻				旱稻			
	面積（公頃）		產量	外銷	面積（公頃）		產量	外銷
	種植	收成	公斤／公頃	公斤	種植	收成	公斤／公頃	公斤
Lower Baram	348	348	1,797	625	175	175	800	140
Marudi	138	138	1,448	200	8	8	700	6
Above Marudi	308	207	1,412	292	130	130	1,184	154
Below Tinjar	708	617	1,633	1,008	455	440	647	285
Tinjar	27	22	1,500	33	366	302	799	241
Tutoh Apo	0	0	****	0	1,517	1,553	883	1,372
Below Long Lama	12	7	1,500	11	170	123	800	98
Above Long Lama	0	0	****	0	595	422	817	345
Long Akah	4	4	2,000	8	349	329	618	203
Lio Mato	50	50	1,920	96	495	430	750	323
Long Banga	47	47	1,787	84	255	255	855	218
Kelabit Area	359	321	1,975	634	359	321	1,975	634
總計	2,061	1,820	1,720	3,131	5,329	4,864	895	4,355

米品種甚多，依據Rumah Gudang的居民說法，大多數品種都同時可以在旱田與澤田中生長，但是在旱田中生長的稻米，口感與滋味都比來自澤田的稻米要好。因此多數人即使擁有足夠的澤田，單靠澤田就可以生產一年需要的米糧，也仍然會開墾一、兩塊旱田。自家的糧食以旱田的稻米為主，不夠時再食用澤田的米。如有多餘的稻米可以出售，一定是先出售澤田的米。除了口味的偏好之外，Rumah Gudang的居民還提供了兩個重要的理由，說明為什麼即使是擁有足夠生產一年糧食澤田的人家，仍然每一年都會同時種植一些旱田。第一個是財產的理由：伊班族人傳統上認為第一個砍伐一片原始森林，開墾為旱田的人，就擁有這塊地的優先權力。即使在休耕中的田地，或者已經長成二次林（secondary forest），其他人如果因為缺地，希望使用這塊田，仍然需要獲得原始開墾者的許可。這樣的權利只有在源初開墾者他遷或整個聚落他遷時，才自然消滅。但是在二次戰後（包括殖民時期與加入馬來西亞之後）的土地立法，卻規定土著的地權申請必須建立在「持續的佔有或使用」原則上。因此報導人指出：一定還是要耕種一些旱田，才有足夠的土地分給下一代。第二個理由是重視競爭與社會聲望的傳統價值：由於山田燒墾的成敗比較受到複雜環境因素的影響，收成較不穩定。除了技術知識與家庭成員的勤奮之外，還要依靠每一個階段成功的舉行各種複雜的祭儀，才能得到豐收。稻作的成敗，是家庭間競爭的主要事項，[19] 與長屋社會生活中，左鄰右舍閒話家常的焦點。伊班族人以稻作的豐收而自豪。但是相對而言產量穩定的澤田，剝奪了這層悉心估算、舉行祭儀、最後以產量彼此競爭的意義。基於這兩個理由，即使是聚落位置得天獨厚，有充足的澤田可供每一家人溫飽，除了像Rumah Chang這樣將旱田轉型為經濟作物的生產，而在另一個領域中保持家戶間的競爭（蔣斌2002）的例子之外，我們可以預期多數的伊班族人仍然會保留山田燒墾，作為建立與維護個人聲望，保障子女福祉，實踐競爭的社會價值觀的一個領域。

伊班族Rumah Gudang澤田旁的耕作小屋，男性正用腳踩踏分離稻穀與稻穗。

伊班族Rumah Gudang澤田旁的耕作小屋，眾人正在歇息。

伊班族Rumah Gudang族人正在用人力搬運收成的稻穀回到長屋。

伊班族Rumah Gudang族人正在展示如何使用收成小刀，避免稻穀的精靈受到驚嚇影響來年的收成。

Kelabit族的社會與農業

　　Kelabit族在砂勞越官方的族群分類中，是屬於Orang Ulu（上游／內陸居民）的一部分，2013年的人口約6千6百餘人。雖然在階序化的社會組織、華麗的衣飾與祖傳寶物等文化表現方面，和Orang Ulu中最主要的Kayan和Kenyah族有相當類似的地方；但是從分布區域、長屋構造、祭儀及農耕方式等方面來說，又表現出明顯的差異。Kelabit族的長屋聚落目前最集中的區域，就是砂勞越東北部與印尼所屬加里曼丹交界處，海拔超過一千兩百公尺的Kelabit高原。在這座高原上，河川縱橫，同樣形成了廣大的沖積平地與河谷。Kelabit人在這片高原上構築長屋聚落居住，發展出階序化的社會、習慣舉行盛大的命名及喪葬的儀式，以及為了紀念盛大祭儀饗宴（irau）而產生的巨石與地景工程的文化傳統。

　　傳統上，Kelabit族人的長屋完全沒有各個家戶以木板牆完整隔離

的個別空間。在接待來客的公共開放長廊上，有以木板構築，與長屋等長的縱向實體隔間，這個隔間的背後，是屬於居民各家戶的領域。但是這個領域仍然是與長屋縱向等長的而且基本上是開放的一整條空間。但是在這個空間內，各個家戶只以個別的爐灶爲中心，界定出自己的範圍。因此家戶的空間，可以說是只有中心而沒有實體的界限的。居民（特別是孩童）往往也在這個空間內自由穿梭。這樣的家戶沒有伊班族長屋那樣的居住單位bilek，只是以爐灶界定範圍，當代最主要的Kelabit研究者Monica Janowski（2007: 95）因此稱這樣的家戶單位爲「灶庭」（hearth group）。[20]

Kelabit的社會中，區分「貴族」與「平民」，[21]但這樣的社會階序，並不具有明顯的政治經濟層面的意義。每一幢長屋最中央的位置，通常都居住著長屋的領導者即最高貴族，左右鄰近住著他的近親，也是地位較低的「貴族」。長屋的兩端，通常就是地位最低的平民。在勞動生產方面，貴族與平民一樣，都需要自食其力得耕作生產。貴族的來源，可能是長屋最早的建造家族，但是最重要的是，他們要有能力透過交易，獲得並累積充分得外來寶物，包括琉璃珠、陶瓷器與銅器，以維護長屋的福祉。同時貴族也要有能力生產足夠的糧食，舉行盛大的祭典饗宴。雖然在日常生活中，貴族並不對平民頤指氣使，但是在重大的決策時刻，例如灌溉用水的規劃以及對外關係的處理，還是貴族擁有最後的話語權（Harrison 1954; Rouseau 1990）。Janowski（2007）更指出，一個「灶庭」中的家長，與一個長屋中的最高貴族，以及數個長屋間共同的領袖，其實都具有同樣的「以稻米餵養人民」的角色。前者在日常生活中餵養自己的家人，後兩者則透過灌溉的規劃以及儀式饗宴的舉行，餵養更大的人群。

Kelabit在極爲內陸的高原地區發展出具有灌溉系統的水田稻作農業，並有畜養水牛的習慣，歷來一向受到學者的注意。但是對於這種農作型態的來源與類緣關係，則沒有研究者可以提出明確的說明。

Bario 地區 Kelabit 族的水田。

Bario 地區 Kelabit 族水田的灌溉渠道。

Bario 地區 Kelabit 族水田灌溉渠道中的魚筌。

早在1912年成書的"The Pagan Tribes of Borneo"（Hose and McDougall 1993）就記載著他們引山溪水入田灌溉的稻作方式，並強調這種方式不見於任何其他婆羅洲的土著族群之間。砂勞越博物館前館長Tom Harrisson (1954: 106; 1959: 71-77)描述說，同一個長屋各個家戶的水田相連接以利灌溉。曾見到在一英畝的面積上，居民用泥土混合稻草構築低矮的田隴，分隔出將近300個單位。這些田隴並不是家戶所有單位的界限，而是控制灌溉水量的設施。灌溉水渠大致可分爲兩種型式，一種是在上下相連的田地間，田隴有缺口供水由上一塊田地流入下一塊田地，另一種方式則是沿著主要道路修築的水渠，分別引水進入路邊的田地。他們也進行移植的程序，秧苗先在苗圃中培養，然後再移植到水田中。Kelabit人飼養水牛，但是並不用水牛犁田，也沒有犁具。水牛除了祭儀時作爲犧牲之外，與農作的關係，主要是在收成之後，保留田中適量的水分，將牛牽入田中放牧，以殘留田中的稻梗供牛嚼食；同時靠著牛的踐踏與排泄，混合溼土與稻梗，權充翻土將養分混入土中。Harrisson特別指出，這樣的灌溉系統，包括流經整區田地外圍的主渠道，以及由一塊田地流入下一塊田地的引水口，都是整座長屋在最高貴族的率領下，共同構思、規劃、施工構築的。長老們對於長屋所屬農地的地形都了然於胸，要在哪一個地區構築全聚落所需農田的灌溉系統，水源由何而來，如何引導、如何迴旋分配，都可以在長屋的地板上以小石先行繪出草圖，再按圖施工。顯然的，這樣的灌溉系統需要相當的社會組織相配合，但是人群的組織通常也僅到長屋聚落的層次爲止，並沒有更高層跨聚落組織的需要。另一方面，水權的糾紛並不罕見。事實上，同一長屋的鄰人或親戚間爲了引水發生齟齬，也是社會生活中最主要的關心話題。糾紛通常由貴族領導仲裁排解，但是只可以紓解一時的問題，無法杜絕後患。事實上，灌溉用水問題的討論與爭執，可以說是Kelabit社會生活中固有的部份。而這樣有灌溉的水田，同樣有休耕的過程。如果是含水量較低的田地，在下一季的耕種開始前，如果沒有水牛將殘餘的稻梗消費殆盡，也可以進行焚燒，增加土壤的肥沃度。

Monica Janowski（1988）在Pa Dalih聚落的研究也強調：Kelabit的水田稻作方式，和東南亞以爪哇或峇里島爲典型的sawah農作，有很大的差異。對於Kelabit族人全體來說，幾乎都同時具有耕作旱田（*late luun*）或水田（*late baa*）的知識，只是依據聚落所處地理條件，因地制宜的採用其中的一種，作爲主要的生計方式。不但稻米的品種，絕大部份都同時可以在旱田與水田中生長；甚至在20世紀初期，採用水田稻作的Kelabit人，仍然依循輪耕的模式，一個區域的水田連續耕作幾年之後，整個聚落的人就會決定轉移到另一個區域構築水田耕作。和旱田的游耕不同的是，旱田的游耕完全是家戶的選擇，Kelabit水田的輪耕與休耕，是全聚落共同行動，這是因爲田地需要相連，才方便灌漑渠道的構築。事實上，除了旱田之外，Kelabit人同樣擁有澤田。根據我自己在Pa Dalih的觀察，發現有許多水田，都是牛軛湖（Oxbow Lake）的形狀，也就是河流自行截彎取直之後，留下的沼澤。根據報導人的說法，這樣的沼澤，不需要眞正的灌漑工事，天然就可以作爲水田。這樣的澤田，和低地伊班族的澤田，基本上並無不同。但是報導人也指出在這些牛軛湖中，也有一些其實不是天然的，而是在某些喪禮或命名儀式的盛大饗宴之後，爲了紀念這些事件，而進行地景地貌的改變所遺留下來的。

Kelabit族人在盛大的饗宴後，會費盡心力進行一些地形地貌的改變，來紀念這次的盛會。這樣的「記憶工程」也受到大量的記載（例如Harrison 1959; Liang & Bulan 1989: 95），有時就直接被稱爲「巨石文化」（megalithic culture）。但實際上Kelabit記憶工程的方式很多，立巨石柱、鑿巨岩成爲岩雕、構築石棚或者單純將巨岩移至不可能的位置都是更改地貌的記憶方式。此外還有在視線所及的周遭山峰稜線上砍伐樹林甚至在稜線上鑿開土石構成缺口，都是常見的方式，這樣開鑿的缺口稱爲nabang。Tom Harrison (1959: 68)指出，*nabang*的型式很多，除了稜線上的缺口之外，有時在山徑上也會出現橫切而過或者同向並行的人工開鑿的深溝。而在山腳

的平地，許多現在成爲灌溉渠道的溝渠也用同樣的工法開鑿，被指稱爲過去irau的紀念。Harrison認爲，或許大多數的灌溉水渠其實都是同樣的來源。而目前Kelabit領域內縱橫阡陌，小溪流或渠道頂上鋪有許多石板作爲橋板，它們的來源也是irau的紀念。Monica Janowski (1988: 77-95)基本上同意這個看法。她認爲：雖然我們無法確實推論Kelabit水田稻作方式的起源，但是其細節明顯和高度精緻化使用犁具的水稻農業有所不同，在許多面向上，更接近澤田。其中雖然包括了相當規模的土方工程、構築田隴與渠道。但是這種對於地形地貌的改變，似乎更應該和Kelabit人傳統上爲了記憶irau所作的地形地貌的改變行爲，放在同一個脈絡中加以理解。Kelabit高原上，在可徵的歷史記載中，雖然經歷過因爲對於外來傳染病缺乏抵抗力，而導致人口減少。但在那之前，也沒有證據顯示曾經發生過人口壓力導致更低產量的農業無法負荷，因此必須發展水稻耕作的情況。Harrison甚至提到（1959: 64），有幾年稻米產量過剩，大量的稻米被製成大量的米酒（borak），導致長時間的狂歡作樂。

Bario地區Kelabit族水田中的水牛並不犁田，只是在收成後放牛於田踩踏翻土，附近其他田地正在焚燒稻草作爲肥料。

結語

農業的相關研究，是人類學中一個強大的分支，從考古學、演化論、技術面、生態學、政治經濟論、社會生產關係到象徵論，都存在無比豐富的討論與文獻。本文的目的，只希望透過砂勞越兩個族群三種稻米耕作方式的描述與解讀，提出幾個有別於常規知識的特點，豐富這個議題的討論。

由以上伊班族與Kelabit族的材料，我們可以看到，水田與旱田並不必然是截然不同的兩種技術型態，不應該被假定為單線演化過程上的兩個階段，更不應該用作為界定某一族群政體進化位階的指標。因為即便是在現代國家尚未介入，原住族群尚未受到市場及外來族群影響的「傳統」生活中，這三種方式，都可以並存在同一個族群的生產方式之中。水田應該更進一步區分為澤田與灌溉水田，但是由上述的民族誌，我們可以看到，在旱田、澤田和水田之間，技術轉換的「門檻」其實相當低。旱田固然是缺乏地表水源的地區，不得不然的方式，但是澤田與灌溉水田，都仍然保有一定程度旱田的耕作原理，例如焚燒與輪耕。另一方面，澤田與灌溉水田之間，涉及土方工事的規模大小，以及是否有移植的程序，其實也是一種程度高低的問題，而非技術形態的大躍進。雖然我們並不全盤否認，精緻的水田稻作技術，複雜的灌溉系統，在歷史上往往和某種程度的科層化政體（國家或王權）相關。同時也是人口增長後，不可避免的選擇。但是砂勞越的例子呈現出來的是：在沒有人口壓力的環境中，三種農耕方式並存，而彼此間的取捨或比重的調整，基本上是因地制宜的選擇。

另一方面，我們也看到，對於稻作方式的取捨，背後還包含了稻米口味、社會聲望、儀式的象徵意義等宇宙觀層面的考量。對於Rumah Gudang的伊班族人來說，旱稻的口感，加上山田燒墾的難度與儀

式的複雜性，使得他們即使明知澤田產量高又穩定的優越性，卻仍然不願意放棄旱田。但是對Rumah Chang的伊班族人來說，這個社會聲望的競爭，已經可以被燕窩採收與大規模油棕種植的明顯經濟收益所取代，因此在糧食上，轉而高度的依賴澤田而放棄旱田。而在Kelabit的例子中，我們看到灌溉水田的耕作方式，同樣與社會聲望有關。灌溉的工事，與貴族階級舉行大型饗宴後的地景改變工程，其實是同樣的概念。換句話說，Kelabit雖然居住在高地，但是這高原上同樣具有山坡地與山腳沖積平原與沼澤的地理條件，因此他們同樣可以是山田燒墾與澤田的耕作者。但是祭儀饗宴與改變地景的記憶工程傳統，結合了家長與貴族（「好人」）有義務以米養人的觀念，而將改變地景的工法，挪用到水田的灌溉工事上，跨越了澤田與灌溉水田之間原本就不高的門檻，成為Kalabit人聞名的文化傳承。同時，這些灌溉工事，背後也沒有王權或國家的政治基礎，而是在一個階序化的社會環境中，透過長屋間的協商而形成的。

1 讀者或許會質疑，本文文章標題中三種稻作形態的次序，是否也隱含了某種歷史發展階段，或者技術複雜度的順序。事實上，標題的順序，是來自砂勞越研究的相關文獻中，對於這三種稻作形態討論的多寡。對於砂勞越研究而言，低地伊班族的山田燒墾最為人所熟知（例如 Freeman 1955），而他們的澤田雖然也有文獻記載（例如 Sutlive 1978），但是知名度較低。水田的部份，雖然也是海岸地區馬來人的生計方式，但本文要討論的是 Kelabit 高地上的灌溉水田，也是比較罕見的民族誌案例。

2 所謂「啓發性」（heuristic），意味著這些分類是基於一般經驗，為了深入探討，在操作過程中提出的暫時性分類，以便於對於現象進行初步的掌握，這樣的分類並不具有終極或普遍內在的必然性。

3 這個二分法固然就地形而言是顯而易見的，但是其中也包含著人文的因素。島嶼東南亞基本上是南島語系（Austronesian）民族分布的區域；大陸東南亞則包含有漢藏（Sino-Tibentan）與南亞（Austro-Asiatic）語系的諸多語群分布。而在這層意義上，和大陸東南亞雖然陸地相連的馬來半島，通常就人文條件而言，被劃歸為島嶼東南亞的一部分。

4 除了地理、生產方式與政治形態的對比之外，另一個常被觀察的對比是宗教：低地與海岸的王權，通常伴隨著外來的系統性宗教，大陸東南亞低地的南傳佛教與儒教，島嶼東南亞海岸地區則是伊斯蘭；高地與內陸的「部族」社會，直到二戰之前，大多保持傳統的泛靈信仰（animism），二戰之後則出現活躍的改宗為基督信仰的風潮。

5 人類學界一般稱19世紀末，以美國人類學者 L. H. Morgan (1877) 與英國人類學者 E. B. Tylor (1871) 著作為圭臬，企圖建立全體人類文化文明演進階段類型的理論，為古典演化論。這個演化論因為主要依據多為二手的文獻資料，所建立的人類社會文化演進歷史，臆測成份居多，而且充滿了以西方文明為最高演化階段的偏見，至 20 世紀中葉前，已經乏人問津。20 世紀中葉左右，美國人類學界另外興起了以系統性一手民族誌調查資料為基礎，專注特定地區或族群社會，聚焦生產方式以及生計活動與環境互動模式，以瞭解具體時地人群生產相關面向的發展歷程為目標的「新演化論」，代表人物包括 L. White (1959) 與 J. Stewart (1955)。

6 這三個形態，其實是源自 Ester Boserup (1965) 的經典著作《農業成長的條件：人口壓力下農業變遷的經濟學》（The Conditions of Agricultural Growth: the Economics of Agrarian Change under Population Pressure）。

7 播種無法保證秧苗之間的平均距離，密集與稀鬆之間的不等，影響稻株的成長與稻穀的產量。增加移植的手續，主要在保證稻株之間的平均距離，提高產量。這個程序中文通常稱為「插秧」，但是英文稱為 "transplanting" 的重點，突顯出重點在於「移植」的程序，而非「插秧」的動作本身。

8 Peter Bellwood (2007) 主張古南島語的起源地在臺灣，當代南島語系民族的祖先已經具備相當成熟的農業知識，他們在大約 3000 BC 時由臺灣往南經過菲律賓展開遷移與擴張，最後遍佈島嶼東南亞以及大洋洲。這個理論受到相關學術界廣泛的贊同，但是也有不同的意見，認為單一來源與遷移方向的假設，留下若干無法解釋的破綻。但是，目前也還沒有人建構出更有力的替代性假說。

9 如同東南亞早期政體普遍的現象，這裡所謂的「統治」並不意味著有效官僚行政體制的建立，而比較是透過個人聲望、結盟或聯姻以及禮物交換關係建立起來的「共主」型態。但是在婆羅洲，各地「酋長」對於汶萊蘇丹，有一個比較固定的貢賦義務。

10 也被歸為 Orang Ulu 的一支。

11 通常每個家宅單位也會有一個後門，直接由廚房通往屋後的園圃。

12 亦即村長，通常是中壯年的男性，依公眾意願選出，非世襲。

13 不過對於總長 563 公里的拉讓江而言，Sutlive 作田野的這些伊班族長屋，都屬於中下游地帶。

14 Sutlive 指出，他書中的某些整體性描述，是由他長達11年的田野研究中，綜合多處資料整合書寫出來的圖像，其中也包括資料來自這4個以外的長屋。他除了明確指出 Rumah Nyelang 及 Rumah Imba 的伊班族人同時種植澤稻與旱稻之外，並沒有清楚說明，另外兩個長屋是否也同時具備兩種稻田。但是我們從他其他部份的書寫中，似乎可以間接得知，這些長屋，都同時具有兩種稻田。

15 祭穀padi pun是每年開始種植時，最先種在田地中間的稻種。每個家戶都保有自己特有品種的祭穀，不可分給他人，也不可出售。祭穀被認為藏有生長力的精華。

16 舊名 Simangong。

17 舊稱第四省（The Fourth Division）。

18 Rumah Chang 的經濟資源，主要來自參與尼亞岩洞中的燕窩產業，以及將山坡地投入油棕（oil palm）的種植。還有就是當地的澤田提供了穩定的米糧來源（蔣斌 2002）。

19 其他民族誌中經常提到的項目，包括男性 bejalai 所帶回的戰利品與故事，女性織布的成就，領導統御的能力，長屋的門數，外來貿易珍品（琉璃珠、銅器、陶瓷器等）累積的數量等等。

20 20世紀末葉以來，多數 Kelabit 長屋將公共長廊與各家戶的爐灶區建成兩條分離的長屋，其間以木橋相連，以避免火災燒毀全部長屋。而在公共長廊連接爐灶區的一側，再演出與所有砂勞越達雅族長屋類似的個別家戶私密空間。這些房間又是也作為接待訪客過夜，或者經營民宿的用途。

21 在 Kelabit 的語彙中，形容「貴族」與「平民」的詞語，語意上卻是「好人」與「壞人」，但這兩個詞彙並不意味者對於個人道德與行徑上的褒貶。雖然前者確實被期望透過領導統御的能力以及米糧、財寶累積的能力，肩負起整個長屋聚落的禍福（Harrison 1954; Rouseau 1990；Janowski 2007）。以往在 Kelabit 社會中，還存在第三個「奴隸」階級，多源自部落戰爭俘虜的後代。晚近這樣的認知已經幾乎完全消失，這樣的身份指認也完全成為敏感而政治不正確的話題。

喧天的鑼與沈默的鑼

砂勞越峇南河中游 Kenyah 族生命儀禮中的銅鑼

04

峇南河中游的貿易鑼

銅鑼[1]是整個婆羅洲最普遍的貿易品之一。[2]在談到製造地時，一般人都認爲它們來自爪哇或汶萊。這些銅鑼都有中央拱突（boss）。大的鑼直徑可達30至50公分，低拱突且鑼緣較淺（約10公分）的，稱爲 agong；高拱突且鑼緣深達20公分的，稱爲 tawak；相同形制的小鑼直徑約20公分，緣深約10公分的，稱爲 tawak-tawak。不論哪一個族群的長屋聚落中，稍微像樣的家戶，都會在訪客視線可及的地方展示幾個銅鑼，作爲財富的象徵。這些銅鑼必要時可以作爲儀禮交換的標的物，例如包括在聘禮或賠償的項目之中。在使用上，銅鑼基本的用途是可以敲擊發出聲響，具有傳訊以及遮蔽的作用。但是除此之外，因爲金屬材質而產生的沁涼觸感，使得銅鑼也可以作爲容器，提供身體感上可欲的「冷」（相對於不可欲的「熱」）的感覺。最後，作爲一個堅固的金屬物件，在不同的儀式場合中，銅鑼也常被用作踏腳以及座椅使用。以下的討論，將集中在銅鑼製造聲響以及提供沁涼感的兩個用途上。

居住在婆羅洲北部，馬來西亞所屬砂勞越州東北部峇南河（Baram River）中、上游的所謂 Orang Ulu 族群，[3]過去往往可以花上數日甚至數週，步行加上乘舟，旅行到下游的 Marudi 或者 Lawas 等市鎮上，以樹脂、籐條、猴棗、犀鳥角等森林產品向華人或馬來人的商家交易銅鑼、陶瓷器等進口的聲望物品（prestigious goods），再歷時數週運回位於中上游的長屋聚落家中。此外，也有相當數量的貿易品是經由內陸族群本身的貿易網，由婆羅洲南部，印尼所屬的加里曼丹省，越過分水嶺進入峇南河中、上游一帶。有關 Orang Ulu 的主要民族誌文獻（例如 Conley 1973; Hose and McDougall 1993; Metcalf 1991; Rousseau 1998 等），都會指出銅鑼在這些族群儀式生活（但不限於生命儀禮）中的重要性。要了解銅鑼對於這些族群的意義，勢必要了解它們在儀式中使用的情形。

Charles Hose (Hose and McDougall 1993: 60-61) 在他1912年
出版的有關峇南河流域的經典民族誌中提到：

> 每一座長屋中，都會有幾面大的銅鑼（*tawak*），在各種儀式
> 場合作為傳訊（signaling）之用，它們也是最受認可的衡量
> 價值的標準，或說最重要的一種貨幣的形式。除了這些大鑼
> 之外，它們也擁有各種形狀於尺寸的小鑼，在慶典的場合使
> 用。這些鑼都是透過汶萊、中國以及爪哇的商人手中獲得。

除了傳訊（敲擊發聲）與流通（作為價值標記）之外，Hose（ibid.:
37）也提到鑼的另外一個用途：當送葬的隊伍從墓地回到長屋聚落
時，它們需要通過一個潔淨儀式：

> 他們將喪禮中宰殺粉飾的豬的下顎骨放在一個盛了水的銅鑼
> 或盆中，靈媒（dayong）會使用一枝鳥羽沾水灑在所有送葬
> 者的身上。

如果是過世家人的亡魂被招回來仲裁家內紛爭，在dayong宣稱「亡
魂已經回來了」的時候，家人可以檢驗dayong所說是否屬實：

> 用一個淺碟（通常是一面鑼）盛水，放在靈屋旁邊，再將一只
> 貝製臂環直立在水中，水沒至臂環的一半。幾絲棉種的纖維
> 被放置而漂浮在水面上，人們輕輕敲擊容器的邊緣，讓棉纖
> 維在水面上游移。如果纖維穿過了臂環，就證明亡魂已經回
> 來了；但是如果纖維沒有辦法穿過臂環，人們就會對dayong
> 的說法存疑。

砂勞越文化村中展示表演用的銅鑼、鼓及織品 Pua Kumbu。

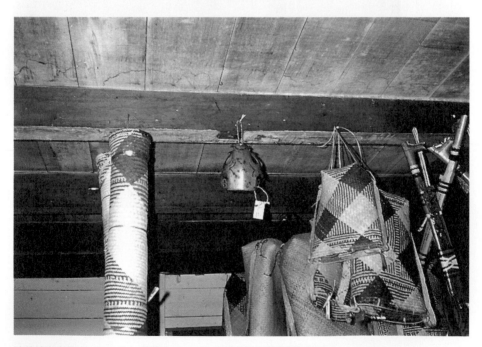

砂勞越峇南河中 Long San 長屋 Penghulu 家倉庫中吊掛著銅製的頭飾。

從上面的引述中，可以歸納出來 Charles Hose 提及的銅鑼用處有三：（一）儀式中的盛水容器，（二）敲擊發聲傳訊，以及（三）作爲交換或交易的標的物。目前這篇論文，將聚焦討論銅鑼在 Kenyah 族人生命儀式中使用的方式及其意義上。筆者自己的田野資料，多少和 Charles Hose 以來的文獻記載相符，顯示出 Kenyah 族人在生命儀禮中使用銅鑼，主要也是包括「盛物」與「敲擊」兩種用途。但是，進一步的資料顯示，銅鑼可以盛的不只是水，還包括其他東西，特別是銅鑼能夠發揮米飯、人、生命之間的轉化作用。而儀式中敲擊銅鑼所發出的聲響，除了有傳達訊息的作用之外，其實還有屏蔽、阻絕以及劃定儀式空間的作用。

砂勞越峇南河中 Long San 長屋 Penghulu 家客廳展示的貿易品陶瓷器。

航行在婆羅洲重要貿易路線馬哈坎河上的船隻。

砂勞越拉讓江上詩巫碼頭停靠的汽船，載人同時載貨。

Rodney Needham 關於打擊樂聲與儀式轉化的假說

鑼之為鑼，即使透過交易而流傳到千里之外，遠遠離開了原先鍛造的社會與文化脈絡，經過在多重不同族群間易手，但是鑼的一個跨文化的基本用途，仍然是被敲擊發聲。只是，發聲的作用，也並非只限於一般意義上的「奏樂」而已。英國人類學者 Rodney Needham 在 1967 年的一篇短文〈打擊樂與過渡〉（"Percussion and Transition"）當中，獨具慧眼地指出：「資料顯示，在可觀察到的事實層面上，『製造噪音』和『與另一個世界溝通』，兩者之間廣泛地存在著某種關聯。」Needham 這篇短文，主要是探索性與啟發性的，因此並不是一篇以單一民族誌資料為基礎，而進行完整分析的論文。在文章的一開端，他由一個人類普同的心理學甚至是生理學的角度展開他的論證（Needham 1979: 314-15）：

> 毫無疑問，人類的情感（feeling）是由社會加以界定並加以組織的，社會調教它的成員，使他們對某些聲音產生反應，對其他聲音則沒有反應——在某一個社會裡可能是鼓聲，另一個社會裡可能是鑼聲，另一個社會則是掌聲——然而，事實上我們也發現，幾乎任何地方的人群，在企圖和另外一個世界（the other world）溝通時，都會藉助打擊樂器（percussion），我試圖做的，就是將打擊樂器這種非文化的情感共鳴（non-cultural affective appeal）和靈的存在（spiritual existence）概念連結起來。

> ……這裡我們沒有必要引用太多討論這類效果的神經學文獻，只要略為回顧一般聽到打擊樂器的經驗就可以了。雷聲所造成的內在撼動（internal quaking）的經驗，槍砲或者其他爆破聲震撼整個環境所產生的類似效果，都是我們所熟知的……（由打擊樂器所發出的聲響）可以說蘊含著「由聽覺所

產生的情緒的基礎」（the foundations of aurally generated emotion）。

但是這種可以產生「內在撼動」的能力，如何連結到「和另一個世界溝通」的效果呢？這裡，Needham（ibid.: 315）援引 van Gennep 的通過儀式（rites of passage）的觀點，而提醒我們注意：「由一種地位或情境，進入到另一種地位或情境的形式通道（formal passage）」。因此「在打擊樂與轉化之間，有一個重要的關聯。」他認為：「這些現象之間，當然不見得存在著甚麼本質上的關係。但是兩者之間的關聯非常明確，很難在偶發獨特的文化傳統中尋找答案。」要談到「過渡」（transition）——不論是社會地位的轉變、宇宙秩序的更新或者是領域的通過——自然已經預設了一個固有的文化或邏輯範疇的存在，才能談到由一個範疇過度到另一個範疇的可能。Needham（ibid.: 316）強調：

> 我這裡處理的是兩個原初的、基本的、基礎的要素之間的關聯：㈠打擊樂器的感情衝擊力，㈡範疇之間過渡的邏輯結構。依照一般常識觀念，這些成份是分屬與兩個截然不同的領悟方式（modes of apprehension），即情緒（emotion）與理智（reason）。然而在經驗層次上，兩者間似乎存在著極有意義的關聯（connexion）。這個關聯無法完全由其中任一個領悟方式——感情的或者邏輯的二者之一——中衍生出來，因為就定義上，任一方式都無法包涵或隱含另一方式中獨特且無法化約的特性。而且看起來，在過渡儀式的社會脈絡（social context of transition）中，也沒有甚麼要素，可以由外部來解釋這些按常理而言毫不相干的特性，彼此間何以會產生關聯。一個方便之門是主張：我們根本可以拋開常識的觀念，甚至拋開哲學上視為常規的情感與思想兩個範疇的對立，直接檢視我這裡所要論證的關聯性。但即使這樣作，我

們還是必須面對打擊樂與儀式性過渡之間明顯的不同。而且正是這種不管如何界定都無可遁形的差異，構成了我們所面對的問題。

換句話說，Needham 的問題，是起源於西方學術傳統中對於感性（情緒）與理性（邏輯）兩個範疇的二分對立。概念上感性與理性分屬兩個範疇，但是在歷歷可徵的許多民族誌實例中，又發現通過儀式在進行過程中，往往伴隨著打擊樂聲。對 Needham 而言，其中內涵的矛盾在於：通過儀式的基礎，在於文化所建構的知識體系中，已經設立了各種不同的觀念範疇，例如少年、成人、未婚、已婚、老年、亡靈等社會身分範疇，或者日、夜、乾濕季、新舊年週期等歲時階段。而不論個人或者整個社群在不同範疇或不同階段間過渡時，人們普遍會利用儀式加以彰顯或者施以輔助。因此基本上通過或者過渡的儀式是一個結構主義式的，邏輯思維的活動。但是打擊樂聲的作用，卻是訴諸情感的甚至是生理性的反應，震天嘎響的敲擊聲，足以透過聽覺而喚醒人們的情緒，在參與者身心內部產生一種「內在的撼動」，這種撼動或許會讓人感受到某種超越現世的「靈」的存在，但這種感受並不是理性運作的結果，而基本上是一個感性範疇中的現象。分屬感性與理性範疇的事物，在民族誌實例中伴隨出現，本身當然也不是一個問題，但是確可以讓研究的議題更為聚焦，在解釋這樣的關聯性時，將焦點更為集中在打擊樂聲的身心（psycho-somatic）效果，以及通過儀式中所隱含的理性與邏輯智能（即對於範疇的認知），兩者之間的對比上。

Long San 長屋聚落中 Kenyah 族人生命儀禮中銅鑼的使用

在這一小節中，我準備用砂勞越東北部，峇南河中游 Long San 聚落族人生命儀禮中使用銅鑼的民族誌資料，來延續 Needham 開啓的這個議題。在呈現幾種生命儀禮的過程資料後，我會提出兩個討論：（一）在 Kenyah 人生命儀禮中表現出來受其文化所界定的過渡觀念，與銅鑼的關係，除了聲響聽覺（acoustical）的面向之外，還涉及銅鑼物質性（materiality）的其他面向，必須一併考慮；（二）即使針對銅鑼發出打擊樂聲的面向，如果要充分了解鑼聲的作用與意義，也不能將鑼聲孤立起來解讀，而必須考慮到鑼聲所處的聲音環境。我希望指出：敲擊出的鑼聲不只是溝通了社群在特定情境下希望溝通的訊息，它同時也阻絕了該情境下不希望溝通的訊息。這個第二點的討論，可以對於 Needham 範疇轉化的議題，提出一些補充。

Kenyah 是砂勞越一般族群分類中 Orang Ulu（居住在內陸或河流上游的人）中的一個次類別，但是實際上並不能算是一個文化上具有同質性一個族群單位（Metcalf 1974: 31）。一般而言，即使在近日受到國家體制與基督教會的深遠影響，大多數 Kanyah 社群仍然認知兩個社會階級的存在：貴族（*maren*）與平民（*panyin*）。[4] 這兩個階級在土地所有權以及參與省籍農業勞動方面，並沒有明顯的不同。但是傳統上，地位特別尊貴的 *maren* 家族可以和聚落鄰近地區進行遊獵採集的 Penan 人建立特定的「主／雇」（patron / client）關係，稱爲 *sebilat*，有時也被翻譯成「結拜」關係。透過這種關係，Kenyah 貴族可以獲得穩定的森林產品供應來源，Penan 人則獲得固定的林產品買主，同時不論是爲了交易或是其他理由（參與儀式或旅行歇腳）前來長屋聚落時，也可以獲得貴族家可靠的食宿照顧以及保護。Kenyah 貴族也因此在內陸森林產品與下游市鎮商家所提供的進口珍品的貿易網絡中，佔據了一個樞紐的地位，在財富[5]累積上居於優勢。透過這些進口的珍品，Kenyah 貴族促進了長屋的福祉（詳

見下文），也成爲傳統知識與聚落習慣法（*adat*）的維護者。

本節的民族誌資料，是2000年夏天，在Long San的田野調查中收集的。由於當代Long San聚落的Kenyah族人信奉天主教的比例相當高，傳統祭儀不是式微就是大幅簡化，無緣進行完整的觀察，因此相關的資料主要是靠訪談得來。

出生與命名儀式

嬰兒一出生時，家人就應該大聲敲鑼。如果生男嬰，除了敲鑼之外，還要鳴槍。嬰兒的臍帶要用銳利的竹片切斷，不可以使用金屬材質的刀具。胎盤與胞衣則棄置在樹林中，或者埋在干欄式長屋下方的土地裡。

嬰兒出生時不會立刻獲得個人的名字。頭胎的男孩就會直接被稱爲*weng*，頭胎的女孩就會被稱爲*piang*。這個稱呼已經足夠讓父母透過親從子名的原則，獲得*tama weng*或者*tama piang*（頭胎男孩或頭胎女孩的父親），以及*tina weng*或者*tina piang*（頭胎男孩或頭胎女孩的母親）的稱謂，代表社會身分的改變與晉級。然而在嬰兒出生的1至2週內，家人就應該爲他／她舉行命名的儀式。貴族階級的家族，通常實在出生後的第8或12天舉行，邀請參加儀式的賓客範圍，往往包括其他友好長屋聚落的親友；平民階級的家族，則通常是在出生之後的第6天舉行，而且只會邀請同一個長屋聚落的人參加。

習慣上，在命名儀式時，初生兒會被賦予一個以上的名字。多個名字可以增加嬰孩存活的機會。這些名字會混淆惡靈的注意力，也可以用來規避成長過程中任何厄運的因子。比方說，小孩子如果經常生病，人們就會用一個原先備而不用的名字來呼喚他／她，這樣就比較容易康復。通常家人會爲小孩取至少兩個名字，而且通常是承

襲自長輩親屬的名字。不過參加命名儀式的來賓也可以依據他們最近做過的夢，當場建議其他的名字。

命名儀式進行時，來賓與家人圍坐在居室（*lamin*，即個別家戶單位門內的起居空間）內，中央放著一盆火、一碗水、數卷*pusa*（一種竹類植物的內膜），父親抱著新生嬰兒也坐在中間。父親首先將一卷*pusa*用火燒成灰燼，再用水浸溼手指後，沾*pusa*的灰燼，點在嬰兒的額頭與肚臍部位，口中說道：「你的名字是某某某。」Kenyah實行親子聯名制，每一個人的名字都是由兩個部份構成，本名（autonym）在前，其後連結父名（patronym），也就是父親的本名。在命名儀式時，父親用*pusa*灰燼沾點嬰兒額頭時，唸的是嬰兒的本名；沾點肚臍時，就唸出父親（自己）的本名。[6]如果一次給嬰兒好幾個名字，就會重覆同樣的動作，每給一次名字要使用一卷pusa燒成的灰燼。

在整個命名儀式中，鑼聲都不能停歇，這點十分重要。根據報導人的說法，保持鑼聲嘎響的目的有二：其一是不讓惡靈聽到新生嬰兒的名字，其二是讓所有參加儀式的人不至於聽到周遭任何占鳥或占獸（omen birds and omen animals）的聲音，以至於干擾儀式的進行。這兩個用意，都顯示出鑼聲的屏蔽作用，特別是第二點，後文還會進一步討論。

如果是貴族階級的命名禮，父親將所有的名字都授予新生兒後，一名婦人會前來把嬰兒抱到河岸邊去。這名婦人必須從未經歷過自己子女夭折的厄運。除了接受命名的嬰兒之外，她還要攜帶一只盛滿水的竹筒以及一塊木炭。在河岸邊會有一名老者等候著她，通常會是一名資深的獵頭勇士。他事先會將一枝竹子或木棒插在岸邊的土中，這枝竹子或木棒的兩側各有一個缺口。如果是男孩，缺口中會各嵌入一只袖珍的模型吹箭筒（獵具及武器）；如果是女孩，就會各嵌入一片long的葉子。老者從婦人手中接過盛水的竹筒，用一部分

的水洗滌嬰兒的腳，將其餘的水倒在插在地上的竹或木棒的周遭。最後他取過木炭，切成6塊，埋在插在地上的竹木棒底下。著整個過程進行中，同樣也是鑼聲不斷，一直到他們抱著接受命名的新生兒回到長屋裡面，鑼聲方歇。這個儀式象徵新生的嬰兒已經「涉足」長屋以外的周遭地面。

回到長屋中，一位儀式專家會殺一隻雞，將雞血混合清水，盛在一只翻過來的大銅鑼中。他會用一枝 nyadian（一種一段像毛刷的植物莖）將混了雞血的水刷在所有參加著的小臂上。儀式結束後會有飲宴。

治病儀式

生病被認為是靈魂出去遊蕩了，可以請一位儀式專家 dayong 來進行治病的儀式。病人躺在居室內的地板上，周遭由一圈樹皮製的繩索圍繞。家人或訪客願意陪伴病人的，可以坐在繩圈裡面，dayong 則坐在繩圈外面。通常，也會有一些旁觀的人聚集在 dayong 身後。儀式開始之前，家人要準備好以下的物品：一隻活的雞、一枚雞蛋、一把刀（parang）、一個木盾牌、一只裝滿水的大銅鑼（tawak）、一只中央有孔的圓銅板（sulau jinjengin）、以及一把似毛刷的植物莖桿（nyadian）。

dayong 開始吟唱，旁觀者低聲附和。dayong 全身顫抖，表示已經受到精靈附身，進入恍神狀態。這時 dayong 會開始用 nyadian 沾銅鑼中的水，灑向病人、家屬以及旁觀者。在附身恍神的狀態下，dayong 會將雞蛋放在 parang 刀面上，在持著放了雞蛋的刀在病人身體周遭游移數次。做完這個動作後，dayong 取過木盾，在地板上敲擊一下，表示離開附身恍神的狀態。這樣的程序可以重複好幾次，每次由一個不同的精靈附身。這些精靈是 dayong 在超自然界的幫手，可以將病人遊蕩的靈魂找到，並帶回來。召喚過所有的精

靈並且和他們溝通過後，*dayong* 將雞宰殺，吸吮並吞下雞血，切斷樹皮繩圈而終結儀式。

治病儀式結束後，病人與家屬會佩戴一個 8 到 10 顆小藍珠串成的手鍊，作為避病的護身符。家屬會送給 *dayong* 一只一樣的手鍊作為保護，治病使用的刀，也會送給 *dayong* 作為酬勞。

婚禮

這裡描述的婚禮，基本上是一個個案，根據的是我的報導人本身在 1958 年舉行的整個結婚過程。新郎和新娘都出身 Kenyah 族的貴族世家。新郎是已故的上峇南區天猛公（*Temenggung*）[7] Lawai Jau 的弟弟；新娘則是印尼加里曼丹 Kenyah 長屋 Long Arangor 最高貴族 Apan Jau 的女兒。

當時 Lawai Jau 的弟弟新近喪偶，身為兄長的天猛公亟欲為弟弟安排再婚。他前往 Long Arangor，要求 Apan Jau 同意將女兒嫁給弟弟。獲得 Apan Jau 的首肯後，Lawai Jau 回到 Long San。當年 6 月，便率領弟弟以及一個上百人的隊伍，由 Long San 出發前往 Long Arangor。這趟旅程費時兩週，有時乘船有時步行。沿途他們經過許多有親戚關係的長屋，這些長屋都會送他們禮物，包括長刀（*parang*）以及扁鑼（*agong*）。長刀象徵迎親隊伍會很順利地穿越森林完成旅程，扁鑼則象徵新人有個健康而活躍的人生。

在到達新娘的長屋時，準岳父送給新郎一面大鑼（*tawak*）作為見面禮。隨後在新娘的長屋中先舉行一個結婚儀式。在震天嘎響的鑼聲中，新郎和新娘一同坐在一面大鑼上，拱突在中間，兩人分坐在拱突的兩側。人們會殺一隻雞，雞血盛在容器中。由一名老者（男性，但不一定是 *dayong*）主持儀式。他先向新人說一些禱詞與祝福

的話。然後手持一枚中央有孔的圓銅板（*sulau jinjengin*），併同一枝尾端呈毛刷狀的植物莖（*nyadian*），將雞血刷在新人的兩隻小臂上。[8] 銅板、長刀和雞血都具有「冷卻」（*penyngin*）的效果，可以為新人帶來好運。

儀式過後，新郎和他的5個朋友要留在女方家服兩個月的勞役，主要是幫忙農事。到了8月間，另一個70人的隊伍由 Long San 出發，來到 Long Arangor 迎接新婚夫婦回到 Long San 的男方家定居。這是他們事先約好的。這一趟，新娘的父母也一同前往 Long San。在途中，他們同樣造訪那幾個關係密切的長屋，這些長屋的人就送新娘布疋作為禮物。

新娘乘坐的船抵達 Long San 時，人們已經在碼頭的岸上放了一面大鑼，讓新娘下船時踩在上面。在進入長屋的木梯頂端，放了第二面讓新娘踩踏的大鑼；在進入新郎家的居室門口處，放了第三面大鑼。這些都是要讓新娘踩踏過去的。[9] 踏過銅鑼的目的，也是要讓新娘有一個「冷」而幸福的生活。

由於他們在 Long Arangor 的新娘家已經舉行過結婚儀式，因此在 Long San 的男方家就不再進行儀式。只是有新郎的父母再送4面銅鑼給新娘的父母，連同在沿途長屋受贈的布疋，都讓新娘父母帶回 Long Arangor。但是根據報導人的說法，如果沒有在女方舉行儀式，而是在男方家的 Long San 舉行儀式的話，過程應該是這樣的：[10]

婚禮之前的兩天，新郎家要送給新娘家一組禮物，包括一只大鑼（*tawak*）、一支長矛（*buja*）、以及一把裝飾著8枚半透明藍色琉璃珠（*kelembao*）的長刀（*parang*）。新郎家要派出4男4女到新娘家送這組禮物。他們會男女男女間隔地排成一列前往新娘家。[11] 新娘家要請一位名聲好，而且從來沒有子女夭折的婦人代表接受這些禮

物。然後女方的主人會邀請男方的送禮代表坐下，為他們點菸並奉上米酒。他們稍坐片刻，就會向女家告辭，回到新郎家，在居室前的長廊上整晚飲宴作樂。

第二天晚上，男方家再度派出一個8人代表團，但這次全是男性。由一人彈奏sape（似吉他的弦樂器）領頭，新郎本身排第二位，沿著長廊遊行到新娘家的居室。在新娘家，他們再度接受菸酒的款待。稍坐片刻後，所有男賓一起擊掌並模擬雞啼聲，隨即起身告辭，象徵他們已經作客一整晚了。這批人離開不久就立刻返回女家，再度作客接受款待，並且同樣擊掌摹仿雞啼後告辭。同樣的程序要進行8次，象徵他們已經連續8個晚上拜訪新娘家。第八次時，他們就會帶著新娘一同離開，回到新郎家的居室。

第三天晚上，新郎家向新娘家取回作為禮物的大鑼以及長刀，將大鑼放在新郎居室門外的長廊上，在鑼旁邊，放了8頂女用的遮陽帽，每一頂遮陽帽後面都站著一名女子。儀式開始時，新人坐在鑼上，新郎坐在新娘右手邊。新郎一手握持著作為禮物的長刀刀柄，刀刃朝下。新娘也用一隻手握住新郎持刀的手，等於兩人共同握住那把長刀。這時一位祭儀專家（dayong）站在新人面前唸祝禱詞，8名女子則人手一頂遮陽帽，站在新娘身後，將8頂帽子垂直重疊舉在新娘頭頂上方，[12]遮蔽著新娘，象徵新娘在她的新家會受到很好的保護。這8名女子中的7名，會受到一件紗籠（sarong）作為禮物。舉最高一頂帽子的，則會由男家致贈一把長刀。[13]

接下來是「取薪柴」的儀式。4男4女再度組成一支8人的隊伍，男女間隔排列，新人也在其中，但並不居於領頭的位置。領頭的男子手持一面小鑼，在整個過程中不停敲擊。位居第二的一名女子（不是新娘）背著一只日常置物的小籐籃。一行8人走出長屋，走下木階梯，在階梯下的空地上有一名男子已經準備好8片砍好的薪柴。隊

伍來到他面前時，他就放一片薪柴在第二名女子的背籃中。一行人於是折返長屋內新郎家的居室，門前會有另外男子卸下背籃中的薪柴。同樣的程序重覆8次，取回8片薪柴後，就告結束。接下來就是飲宴直到午夜。

這是貴族的婚禮程序。根據報導人的說法，平民的婚禮基本程序是一樣的，只不過所有8的數字（8個人、8次、8件物品等）都減半為4。[14]

喪葬

筆者的另一位主要報導人，Long San聚落的最高貴族首長，擁有「本固魯」（*Penghulu*）頭銜的Lanniao Jau先生回憶：1941年，他父親過世前，明確告訴家人他希望被埋在土裡。[15]老人家一嚥氣，鑼聲就震天嘎響，向全體村民，包括在田間工作的人，宣布他的死訊。這時，立刻會有10名以上的男子，前往森林中尋找準備製作棺木（*ilongon*）用的*belian*（婆羅洲鐵木或稱坤甸鐵木，為建築上常用的一種硬木）。他們帶回來一節超過7英尺長的木材，花了兩天的時間刨空，並且用另一片*belian*製作了一個棺蓋，然後將整個棺木施加雕刻與彩繪。棺木做好了以後，他們將遺體由居室（*lamin*）中搬出，放入棺木中，蓋上蓋子，安置在居室外面的長廊上。依據貴族的習俗，讓棺木停放8天。在這8天裡，家人、親屬、同一長屋的村民以及來自其他長屋的親友，都會前來陪伴死者以及喪家。

在這段時間裡，其他一些幫忙的親友再度前往森林中尋找*belian*，另外一些人開始在墓園中挖掘墓穴。當4英尺深的墓穴挖妥後，四周都用*belian*木條作襯裡，底部也用*belian*襯底並墊高一英尺。在墓穴的旁邊，另外樹立起一枝雄偉的*belian*圓木柱。木柱直徑2英尺，高48英尺，通體雕刻著稱謂*kalong penat*（迴旋而連續的圖

案）花紋。[16]墓園中一切就緒了，人們就移動棺木，經由一個在喪家前陽台正前方，臨時用粗木條草草搭建的梯子，將棺木移出長屋。這樣棺木就不需要在公共長廊上，經過其他人家居室的門口，再由兩端的日常出入樓梯運出。雖然在守靈的8天期間，鑼聲從未停歇，但是在棺木運出長屋的剎那，鑼聲再度提高，響徹雲霄。

棺木由4艘長舟綁在一起構成的平台船運往墓園。到達墓園後，人們將棺木置入墓穴中，頭朝向河流。棺木下葬後，人們填入泥土，覆蓋棺木，然後在上面搭建一個屋頂，摹仿常見的在地表或柱頂安置棺木的陵寢小屋（*liang*）的形式。然後有一面大鑼被放置到大圓柱的頂端，顯示墓主人的身分是貴族。一切完成後，送葬的隊伍回到聚落中，進入長屋前先在河中洗淨手腳身體。喪家會繼續守喪兩個星期。這兩週內，人們不可以在長屋中工作、唱歌或舞蹈，違背者要被處罰一只小鑼或一柄長刀。兩週後一切生活作息恢復正常。

報導人的母親過世時，選擇的墓葬形式，就和父親不同。母親的陵寢小屋建在大圓柱的頂端。陵寢小屋建好後，屋脊上放了一面大鑼，然後再將棺木置入，封閉陵寢小屋。在貴族的葬禮中，如果沒有鑼，也可以用大陶甕代替。人們會先用刀將大陶甕的肩部以上切除，[17]將下半部無肩的陶甕倒置覆蓋在陵寢小屋的屋脊上，用繩索固定。使用鑼或陶甕，並無性別差異，完全取決與家族持有物品狀況，以及個人選擇而定。

平民的喪葬基本程序和貴族相同，只是停靈的時間縮短為3日，也比較少見其他長屋的賓客參加。平民也可以選擇兩種不同的墓葬形式：墓穴或者將陵寢小屋建成干欄屋的形式。棺木本身以及陵寢小屋的柱子也會使用 *belian* 構築，但是其他部份就會使用比較不耐久的木料。此外，平民墓葬不能樹立大圓柱，也不能在陵寢小屋上裝置銅鑼或陶甕。

轉化（transformation）、過渡（transition）、傳訊（communication）與阻絕（obstruction）

由上節的民族誌資料中，我們可以看到 Long San 的 Kenyah 族人在生命儀禮中，將銅鑼用作爲發聲器、作爲盛水（或者混有雞血）的容器、作爲腳踏板、作爲座椅、作爲米飯鍋蓋等等各種不同的用法。在銅鑼作爲發聲器的用途上，特別值得注意的是：鑼聲除了向長屋內外的人傳達重大事件發生，或者重要儀式階段即將開始的訊息之外，還有一個容易被人忽略的重要的作用，就是藉由響亮的鑼聲，阻絕或者掩蓋掉環境中特定聲音的溝通效果，包括讓儀式的參與者不至於聽到那些占鳥或占獸的叫聲，以及在命名儀式中，防止惡靈聽到新生兒的名字。換言之，在這些儀式中，鑼聲可以說是用來作爲一種聽覺上的屏障，在聽覺的領域中區隔出一個純淨的儀式空間與時間。在民族誌的文獻中，我們已經很熟悉人們設立視覺或物體的屏障，區隔出儀式與非儀式的活動時間，或者說神聖與世俗的場域。而在本文的例子裡，我們看到的是：鑼聲在聽覺的領域裡建立了或者強化了這樣的區隔。也就是說：鑼聲之所以可以標示出由非儀式情境進入儀式情境的過渡（transition），在於它不僅僅由溝通（傳訊）的作用，還具有阻絕的作用。

除了鑼聲在聽覺的領域中具有建立並潔淨儀式空間與儀式時間的作用之外，上文所描述的儀式，都是生命儀禮，也就是 van Gennep 所說的通過儀式。而人類學的理論觀點一向認爲：通過儀式的主要關懷，就在於轉化以及過渡。由以上的民族誌細節中，我們也會注意到銅鑼不發聲時的幾種用途，就是作爲作爲容器，以及和人體接觸的用途。Kenyah 族人很清楚的指出：銅器不論是盛水、盛混有雞血的水、或者直接與人體接觸的觸感，都能夠帶來「冷卻」的效果。就表面上可以觀察到的現象來說，銅鑼能夠盛裝的，顯然也不只是水，還包括米飯。但是更進一步來說，在貴族的墓葬中，銅鑼也可以用來盛裝（覆

蓋）保存棺木的陵寢小屋。這也可以引申爲就是在盛裝屍體。其實，如果我們檢視Kenyah族的神話傳說，就可以發現，族人對於用銅鑼來盛裝人體，並且產生生命的轉化作用，有其更爲生動的闡述。

水、銅鑼與轉化

Kenyah族人將長屋聚落的社會生活與人跡相處的情形分爲兩個狀態：熱（*pana*）與冷（*meling*）。「熱」的狀態會導致爭吵、疾病、死亡、作物歉收，以及產生生活中其他各種不好的事物。相反的，「冷」的狀態則會產生澄明、和平、豐饒與健康。有些物品具有「冷卻」（也就是帶來好運）的效果，這些物品稱爲*penyengim*。開紅花且莖與果可食用，稱爲*bedi*的植物的葉子，就是一個*penyengim*。水與雞血也有冷卻的效果。大多數的金屬製品也都是*penyengim*，其中最常用的就是銅鑼、長刀，還有中央穿孔的圓銅板*sulau jengin*。有客人造訪長屋時，賓主之間也常一這類金屬製品互贈爲禮，互相祝福好運與健康。

在峇南河中游流行的傳說故事中，水與銅鑼更具有讓生命重生（regeneration）的效果。牧師A. D. Galvin (1972: 87-88)紀錄了以下的故事：

（英雄Balan Nyaren Mejong Muan的妻子Bungan Lisu Lasuan的手指頭被針戳破，流血致死後，Balan決定到死者的國度Alo Malau去找她，希望把妻子救回來。一路上他遇到許多不同的精靈後，終於遇到了一位「森林居民」。對方瞭解了Balan此行的目的後說：）

「既然這樣，讓我將你搗碎，
將你磨鍊成像龜殼般堅強，

將你上釉像陶瓷般光亮，要不就鍛鍊你像岩石般硬朗。」

森林居民這樣告訴Balan。

於是他們取來兩面大鑼，

鑼的中空處正好讓Balan藏身。

鑼中注入了清水，

藉著這兩面大鑼的撞擊摩擦，

Balan被研磨成像lamut狀的粉末。

稍候那人再向鑼中窺看，

他看見Balan的身軀再度成形。

他將Balan從鑼中釋出，

並用長刀砍劈Balan，

長刀彷彿砍上岩石般發出清脆的響聲。

「這還差不多。」那森林居民說。

不久Balan就繼續他的旅程，

前往Alo Malau，

那兒的樹木高大茂密有如拱門。

在另一則故事裡（ibid.: 151-157），藉由水、銅鑼的作用，以及陵墓的建造與毀壞，一名年輕的勇士得以死而復生：

（在Tevao Na'a長屋聚落中，年輕的勇士Oyau Aben Lian因為在比武中受到表哥Balan Nyaren的羞辱，鬱鬱寡歡，絕食自棄，8天後就死了。）

在Tevao Na'a的領域中，矗立著一株大樹。這株樹稱為Kayu Jamelai，樹身周遭需8人合抱。Balan Nyaren憑著超自然的神力，將這株大樹變成一個以石柱為基礎的陵寢（liang）。在這個雄偉美麗而壯觀的陵寢上，村人恭敬地安置他們年輕勇士的遺體。在人群傷心的淚水與歎息中，巍然站

著莊嚴但雞皮鶴髮的長老Pavo的身影，他是整個Tevao Na'a領域中最年長的老人。他對村民說：「他並沒有死，或許他會再度復活。」

（Oyau Aben Lian的靈魂首途陰間，遇到了親戚Aweng Urai和她的丈夫Anyep Laeng。這對夫婦決定協助Oyau Aben Lian回到陽世。他們先把他浸泡在Batu Menin的潭水中。）

Oyau Aben Lian應該要在冰冷的潭水中浸一整個月。Anyep Laeng也陪著他浸在水中。水源已經被挖開，潭水滿溢。他們並肩坐在潭中。但是只過了15天，Oyau Aben Lian已經氣若游絲：「我想我撐不下去了。」Anyep Laeng回答說：「如果你忍耐不住了，我們就出去。」兩人離開潭水，Anyep Laeng對妻子說：「我們把他和ritoi tuan的果實一起煮。」於是Anyep Laeng取出長刀，準備宰殺Oyau Aben Lian。在殺Oyau Aben Lian之前，Anyep Laeng先餵他吃ritoi tuan果子。這果子是如此之甜，Oyau Aben Lian食用後增加了體重，同時也感到暈眩。於是Anyep Laeng用他的長刀殺了Oyau Aben Lian，將他的肉剁成一小片一小片的。

然後Aweng Urai取來一面大鑼，將Oyau Aben Lian粉碎的骨肉放入鑼中烹煮。鑼上面蓋著另外一面鑼。Oyau Aben Lian這樣被煮了8天8夜。到了第8天，鑼中發出巨大的吼聲。鑼蓋被掀開，躍出Oyau Aben Lian英俊而生龍活虎的身軀。

（在這之後，又經過了一個月的冷水浸泡，一個月在鑼中烹煮，以及一個月浸泡在毒藥中，Oyau Aben Lian已經準備好要踏上返回人世的歸途了。）

Oyau Aben Lian 和他的親戚告別如儀，然後藉助於他的盾牌，飛回到 Ultan Angin 的家中，從那裡他再往下走，回到他陵寢所在的墓園。他向自己的陵寢吐口水，陵寢就倒塌了。當 Tevao Na'a 的人看到這個異象時，他們認為 Oyau Aben Lian 一切重生的希望都永遠幻滅了。他們嚎啕痛哭：「喔，可憐啊，我們鍾愛的孩子，你畢竟是不會再重生了，你的陵墓已經垮了啊！」

正當整個 Tevao Na'a 籠罩在哀傷挫折的氣氛中時，突然遠處的天空發出震耳欲聾的巨響，有如雷擊。所有能跑或爬的人都大惑不解，來到長屋的外面，混雜著恐懼與好奇，希望察看這奇異巨響的來源。他們仰望天空，看到一個奇異的東西朝向河岸邊登船處緩緩下降。他們定睛看去，當它緩緩靠近，背著陽光的剪影顯示出一個人的身影。每一個人都因為目睹這個景象而感到恐懼。只有 Balan Nyaren 不驚不懼，上前迎接。當它走近那個人的身影，人們看到他們互相擁抱，因而大喜過望。Tevao Na'a 的全體村民湧上前去，Balan Nyaren 宣布：「喔，我親愛的表弟 Oyau Aben Lian!」人們喜出望外，就在歡呼與掌聲中，他們迎接重生的英雄回到偉大的 Tevao Na'a 長屋裡。

這兩則故事，鮮活地說明了銅鑼與水對於生命的強化與轉化再生作用。[18] 這說明了儀式中用銅鑼盛水的意義，包括用水與雞血沾抹新人的手臂，用水沾抹新生兒的父母，灑水保護參與治病儀式的人，以及洗淨由墓園回來的送葬隊伍。都是訴諸銅鑼與水（加上雞血）的冷卻效果，而冷卻是強化生命與福祉的要件。另一方面，它們也透露了貴族陵寢構造的意義。將銅鑼放置在圓柱或陵寢小屋的頂上，也類似故事中描述的，將剁碎的骨肉放在銅鑼裡烹煮，使之重生一樣。Kenyah 人希望藉由妥善執行喪葬儀式以及構築雄偉的陵墓，保障生命的延續與重生。

聲響、聽覺的儀式空間與過渡

Peter Metcalf (1991: 9, 77) 在研究 Berawan 的死亡儀式時，對於整個場合的吵雜喧鬧，印象深刻：「對於 Berawan 人而言，任何一個重大的儀式場合，都必定要充斥著噪音、混亂與嬉鬧。」因此在死亡儀式的整個過程中，「長屋裡始終都擠滿了人，日夜喧囂。」他進而注意到：雖然鑼與鼓是死亡發生時主要的傳訊工具，而且宣布死訊的鑼鼓節奏極為制式化，但是在親友鄰居賓客聚集的場合中，「稍大的孩童以及青少年往往隨興之所至，就會任意敲打起放置在靈柩旁邊的鑼鼓自娛。」顯然，除了最初宣布死訊的作用之外，人們在整個儀式的過程中，都會隨機但有意的用鑼鼓製造出吵雜的聲響。在這樣的場合中，人們就是喜歡有這些聲響，因此它們應該受到特別的看待。Metcalf (ibid.: 142-147) 對這個問題的處理，是將 Berawan 死亡儀式中「聲音」和「水」的使用作一個對照，在某個程度上延續了 Needham 的觀點，論證著兩者和「過渡」——也就是「中介狀態」（liminality）與「形狀轉變」——之間的關聯性。這個論點當然是 Peter Metcalf 自己整個有關死亡儀式論證中的一環，也就是說：（一）儀式過程與靈魂的旅程之間有密切的關聯；（二）死亡儀式的基本精神在於「慶祝生命」（celebration of life）。[19] 我基本上同意 Peter Metcalf 對於死亡儀式的觀點，但是我希望進一步討論這些儀式脈絡中，對於聲響與噪音的喜好，另一個可能的理解面向。

毫無疑問，鑼聲具有傳訊與溝通的作用，人們用鑼聲來宣布一些對整個社群而言具有重要性的事情。在田裡或長屋附近工作的人，在聽到這些傳訊的鑼聲後，會有所反應，放下手邊的工作，趕回到長屋聚落中。但是，需要進一步探討的是：這些鑼聲並不是發生在一個聽覺上（或聲響上）的真空環境中。人們生活的環境裡，不只充斥著物體與視覺的要素，其實也充滿了各種聲音。居住在熱帶雨林中

的人群,生活中的聲音環境元素豐富,自不待言。而這些環境中的聲音,對於人們而言都是有意義的。我們看到在 Long San 長屋聚落的 Kenyah 族人命名儀式整個過程中,鑼聲不歇,一方面在於防止惡靈聽到小孩的名字,但是另一方面,用意也在使用鑼聲阻絕占鳥占獸聲音的侵入。換句話說,就是藉著強力放送由人所控制的聲音,讓自己不至於聽到那些不受控制的聲音。但是這一點,還值得更進一步的討論。

Charles Hose (Hose and McDougall 1993: 52-54) 也提到同樣的用意。當 Kenyah 領袖 Tama Bulan 策劃一個長征旅程時,它首先要請鷹占(augury hawk)師看看能不能得到有利的兆頭,[20] 當吉兆出現後,領袖 Tama Bulan 以及村人在長屋外對著神像殺雞、豬祭祀時:

> 長屋之內,4個男孩同時敲打兩面大鼓,讓祭祀的人除了它們自己的禱詞之外,甚麼其他的聲音都聽不到……也就是用一些措施,讓人聽不到任何凶兆的聲音,有如舉行犧牲時,號角長鳴一般。

因此我們可以說,在儀式過程中,這些打擊樂聲的作用,就像是伊班族許多儀式中使用的大幅手織布(*pua kumbu*)一樣,是在區隔出一個儀式的空間(Kedit 1992: 9)。伊班族在露天曬台上舉行各種儀式時,會用多幅大的 *pua kumbu* 懸掛在四周,在空間上區隔出神聖的儀式場所。本文 Kenyah 的例子,則是用打擊樂聲創造出一個聽覺上純淨的空間,避免那些不請自來的占鳥占獸的聲音,干擾了重要儀式的進行。換言之,那些打擊樂聲讓參與儀式的人,對於環境中任意出現的,可能是凶兆但也可能是吉兆的聲音,都可以暫時充耳不聞。

但是，我們不禁要問：這種舉動的意義何在？為什麼一個族群的知識體系中，一方面建立起一套鳥占獸占的知識，讓人們在執行重大事務時，能夠對於詭譎多變（capricious）的世界中不確定的因素，設法預窺天機，以便增加一分掌握；但是另一方面又發展出一些手段，希望不聽不聞，去阻絕這些超自然的啟示？我們應該注意到：這種舉動和一般所謂的在技術知識之外，利用巫術增進成功機率的作為，有所不同。而且，也不能視之為得到凶兆之後，積極避凶趨吉的一種手段。這種聽覺上阻絕的用意，是刻意不去接受原本可能有用的訊息。有關婆羅洲土著，甚至整個南島民族，在日常生活中依賴鳥占或獸占來決定行止，這樣的民族誌資料相當豐富。在決定征戰、遠行、開墾、出獵甚至製陶之前，都經常先求諸鳥占或獸占，決定吉凶。如果事情已經進行一半卻獲得不好的兆頭，遠行者會半途折返，已經開墾的農地也可能就此棄耕。那麼，為什麼在進行這許多重要的生命儀禮時，人們要刻意製造人為的噪音，去阻絕那些可能是凶，但也可能是吉的預兆呢？

我認為，Needham 對於打擊樂聲與儀式過渡之間的關聯，或者更明確的說：在情感與理智兩種截然不同的領悟模式之間的過渡，所提出的假設，確實指出了問題之所在。但是他把通過儀式視為背後邏輯範疇的實踐，因此屬於理性的認知領域，應該截然有別於打擊樂聲所訴求的身心感性體驗，可能忽略了儀式活動的一個重要面向，就是表演（performance）的面向。如果根據本文所鋪陳的 Kenyah 民族誌資料生命儀禮中銅鑼的使用，鑼聲除了傳訊以及產生 Needham 所說的「內在的撼動」作用之外，還應該被放置在包括周遭聲音的環境中加以理解，注意到生命儀禮中喧天的鑼聲還有阻絕其他（特別是鳥占獸占）聲音的作用，那麼我們可能在解讀上，就應該先區分鳥占獸占的兩種不同應用情境，其一是在日常生活中技術事項（開墾、出獵、遠行等）進行前對於鳥占的留意，其二是在重要生命儀禮進行中對於鳥占的規避。前者是人們在充滿變數的日常生

活中尋求指引，企求工作的順利成功；後者則是意識形態及宇宙觀的搬演（enactment）。這是兩個不同的領域。

Peter Mecalf（1976: 108-109）在另一篇題爲〈婆羅洲的鳥與神祇〉的論文中，對於「鷹占」（eagle augury）和「其他次要的占鳥占獸」二者間，提出明確的區別。他指出：鷹占是人們刻意尋求的，而且需要遵循嚴格的儀式程序，其他的鳥占獸占則是偶遇的。Berawan族人對於占鷹（*plake*）動向的解讀，有一套標準化的規則。但是對於其他鳥占獸占的解讀，則可以變得相當多元或個人化：

> 有一回，兩個老人爭吵起來，為的就是：如果在新開墾田地旁邊聽到*pengape*鳥發出 "tek-tek-tek" 的叫聲，應該如何解釋。一位老人堅持：這是裝滿了新稻穀的穀倉因為負重，木結構發出的壓軋聲，顯然是個好兆頭。另一位老人則反駁說：這是釘子釘棺材的聲音，就是那種連這麼明顯的凶兆都沒能領悟而餓死的人的棺材！……但是後來第二位老人讓步了，同意說雖然*pengape*對他而言總是凶兆，但可能其他人有不同的經驗。這彷彿是說，每一個人透過他一生的觀察經驗，都慢慢建立起一套他個人和占鳥之間的特殊關係……似乎每一個*uluk*（家戶居室）都傾向於發展出自己的一套解釋鳥占的習俗（lore）。

> 沒有一種動物，或者某一項行為，永遠是好的或者永遠是壞的。象徵的意義以及它們是凶是吉的內涵，取決於它們出現的脈絡。象徵的意義在本質上是關係性的。

Metcalf這個例子顯示：雖然我們仍然可以在認識論的立場上，將一個族群的「文化」視爲具有某種實質的存在，而且具有某種程度的「體系」與「規範」的性質，讓同屬一個社群的成員可以遵循，讓社會生活得以（多多少少）順利地進行，但是在若干領域中，文

化所建構的知識系統也不是單一、明確、或說具有至高無上權威性的。也可以說，即使在一個外表上看起來可以被認爲是「孤立的」(isolated)、「簡單的」(simple)或者「部落型的」(tribal)社群，某些對於環境的知識，在解讀上其實存在不小個人發揮的空間，而且是可以辯論的。而這樣的辯論，應該和社群生活中個體性(individuality)的建構，有重要的關係。

本文討論的儀式過程中，人們企圖用喧天的鑼聲加以阻絕的，都不涉及Metcalf所說的刻意尋求的鷹占，而是那些不請自來的鳥獸的聲音。既然這些占鳥占獸的聲音可能是吉兆也可能是凶兆，而且對於這些徵兆的解讀，相當程度地是有個人累積的參考架構而定，那麼我們可以瞭解，這些儀式過程中，人們希望阻絕的，就不是徵兆（不論是凶是吉）本身，而是避免參與者分心進入解讀甚至辯論的情境當中去。顯然，生命儀禮的進行，有些有規定的日數（例如8日後下葬），有些突如其來不容規劃（例如死亡的發生或嬰兒的誕生），也有可以事先占卜決定日子的（例如婚禮）。在可能的情況下，人們對於重大儀禮的進行，會主動尋求靈界的指示（例如透過鷹占）。但是只要儀式一旦啓動或者必須啓動，那麼人們就會將注意力或者領悟力轉向，離開那些令人傷腦筋的需要類比、推理、論證、參照的解讀過程。因爲這樣的邏輯思辨過程往往含有高度的不確定性在內。現在人們需要的是宇宙觀的搬演。

C. Lévi-Strauss (1963)在〈象徵的效力〉一文中指出：象徵的效力在於它們能夠在混亂中產生秩序，將渾沌無序的經驗世界變成可以理解的，並且可以掌握的世界。用Stanley Tambiah (1985: 130-131)的話說：

> 宇宙建構的意念蘊含在儀式之中，儀式搬演(enact)並體現(incarnate)了宇宙觀裡的概念。

在許多宇宙觀的體系中，主要且關鍵性的扣連點（points of articulation）包括（且舉數例）：堅持對於宇宙觀體系中的概念不容置疑的接受，這些概念不容成為獨立驗證判準的對象；承諾只要是順從的成員，願意擱置懷疑，心無雜念的遵循既定的實行步驟，就能夠經驗到一個大我的宇宙真實與真理；提供一個有關生與死、這個世界與另個世界之間關係的預設（postulation）。

由以上包括文獻以及筆者自己的民族誌資料顯示，除了傳訊告知事件的發生之外，Kenyah 族人生命儀禮中，特別鑼聲喧天的時刻，都是儀式中最關鍵的階段：嬰兒誕生的一刻、命名儀式中正在授予名字以及雙腳觸地的剎那、婚禮中新人坐在大鑼上的時候、死者嚥氣的一刻以及棺木抬出長屋前往墓園的途中。顯然，這些儀式的階段，都不是發揮判斷、解讀與預測能力的時機，而是搬演宇宙觀的時刻。這個過程或者這些時機點，是不容懷疑的，而且也截然有別於如何在詭譎多變的日常世界中求生的那些場合。明白了這二者的區分，我們就可以理解，為什麼在這些儀式階段，人們要用喧天的鑼聲，阻絕掉所有環境中可能不請自來的吉兆或凶兆的聲響。**21**

結語：銅鑼的價值

Rodney Needham 指出打擊樂聲與儀式過渡之間微妙的關聯，是一個有意思的看法。即便在他的文章裡，並沒有提出令人滿意的論證與解釋。但是我們大多可以認同在經驗層次上，這兩個現象的關聯；以及打擊樂聲對於聽者身心上產生的非理性的感官震撼。但是打擊樂聲畢竟不同與自然界的巨響例如雷鳴，它是人為刻意製造的，因此聲響的意義，也就不應該僅限於聲響本身的作用。以上用 Long San 長屋聚落的 Kenyah 族人生命儀禮民族誌資料所進行的討論，

顯示出要了解打擊樂聲的作用，不能夠將這種聲響孤立起來看待，而是應該考慮到發聲的儀式場合、儀式階段，還有更重要的是周遭的聲響環境脈絡。喧天嘎響、震耳欲聾的鑼聲，無疑確實具有讓人產生「內在撼動」的作用。但是面對持續不斷、時大時小的鑼聲，我們就必須考慮除了對於聽者內在的身心作用之外，它所製造的整體環境效果了。透過對於整體環境的考量，我們瞭解到：喧天的鑼聲，其實也有很大一部分意義在於，它阻絕了儀式場合中人們不想聽到的其他聲音，人們不想被不請自來的吉兆凶兆聲音所干擾。因此鑼聲在這個脈絡中，是創造了一個聽覺上純淨的儀式空間。

這個理解，同時也對 Needham 的「理性的邏輯的」相對於「感受的情緒的」二分概念範疇，提出了一些修正。相對於人們在日常生活及工作中對於徵兆的留意，在儀式的場合，程序一旦啟動，人們就進入了「宇宙觀搬演」的情境，而刻意對於其他聲響所可能帶來的徵兆，充耳不聞。由於日常作息中，人們雖然依賴徵兆，但是對於徵兆的解讀，卻存在著表達歧異甚至互相詰辯的空間。顯然這樣的思辨，並不見容於正在進行宇宙觀搬演的儀式場合。因此這裡涉及的概念範疇，應該不只是「理性的」相對於「感性的」，還應該是「思辨的」相對於「展演的」。

最後，銅鑼相較於其他能夠發出巨大聲響的打擊樂器之間，還有一個重要的差異，就在於材質與形制。相較於皮鼓、木鼓或者串鈴，銅鑼除了可以發聲之外，還可以作為容器。體型較大的還可以作為座椅。大面積金屬所具有的物質特性，使得銅鑼很容易的被融入 Dayak 傳統宇宙觀「冷／熱」二元區分中「冷」的範疇之內。於是在需要潔淨、冷卻、重生、轉化的儀式中，都可以看到銅鑼的身影。島嶼東南亞地區，自古以來就是東西方海洋貿易路線的樞紐。除了海岸地區重要貿易港口與政權的形成之外，即便是相對內陸上游，以「部落」社會形態為主的地區，也大規模地受到外來商品的滲透。

婆羅洲內陸的Dayak族群，或者是Orang Ulu中的Kenyah族人，對於外來商品的輸入，也具有其一定的能動性（agency）。這個能動性，就在於價值（value）的建構。外來的奇珍異寶，如果不能在當地的價值體系中建立或者找到它的位置，將無法成為持續具有市場潛力的商品。以歷史上銅鑼在婆羅洲甚至整個東南亞地區流傳之廣，產地勃興，作為一種外來物品而在當地族群文化、特別是核心的儀式實踐中建立起不可動搖的地位。銅鑼的價值究竟何在？希望本文已經提供了至少一部分的解答。

1 此處討論的銅鑼都是黃銅（brass）而非青銅（bronze）製成，包括多種不同大小與形制的鑼。

2 其他常見聲望性質（prestigeous）的貿易輸入品包括陶瓷器、琉璃珠、棉布等。

3 Orang Ulu 字義為「居住在內陸或河流上游的人」。砂勞越官方的說法，通常將境內族群分為 Iban、Chinese、Malay、Bidayuh、Melanau 以及 Orang Ulu。其實 Orang Ulu 之下，還可以分辨出大約20多個族群的名稱，其中人數較多的包括號 Kenyah、Kayan、Berawan、Lun Bawang、Kelabit 與 Penan 等。除了 Penan 之外，這些族群傳統上都是居住在長屋聚落中以山田燒墾農業為生，而且都有相當制度化的社會階序體系，包括貴族、平民以及奴隸三個階級。

4 過去，Kenyah 社會曾有明確的獨立階級，稱為 pinyin lamin，通常是戰俘及其後代。現在族人在私下仍可指認某某人是奴隸之後，但這被認為是相當敏感而且涉及隱私的話題，不應該公開討論。

5 包括進口的著釉陶瓷器皿、各式銅器與琉璃珠等。當然也包括本文所討論的銅鑼。

6 這是在生理性分娩過程中沒有角色可以扮演的父親，透過命名過程，和嬰兒建立儀式性的「臍帶關係」的動作。

7 Temenggung、Pemanchia 和 Penghulu 都是馬來蘇丹體制中的封銜。在婆羅洲的歷史上，汶萊蘇丹就曾經對於砂勞越 Dayak 族群的傳統首長中特別具有聲望勢力者，賜封這些爵銜。在布洛克（The Brookes）王朝政權時代，繼續這個傳統，賜封重要的 Dayak 首長。

8 據報導人的說法，如果沒有銅板，可以用長刀代替。有時，除了 nyadian 之外，還可以加上 bedi（一種闊葉開紅花的植物）的葉子合併使用。

9 根據報導人的說法，理想上是要從新娘下船的岸邊，就用鑼一路排到此新郎家中，讓新娘足不履地的踏著銅鑼走進男方家中。但這樣的排場事實上不太可能做到，因此以三個鑼作為代表。

10 筆者2001年參加了一場 Long San 的 Kenyah 族人的婚禮，但是地點不在 Long San 長屋聚落中，而是在砂勞越首府古晉市（Kuchin）。新郎家雖然不是貴族，但是在古晉市經營旅行業，家道殷實。新郎的父親擁有拿督（Datuk）頭銜，母親是法國人。新郎的兄弟姊妹都在歐洲受教育，這次婚禮的新娘也是法國人。他們的婚禮在古晉市的觀光飯店中舉行，但是盡量遵循「古禮」進行。婚禮的程序與報導人所描述的基本上相當一致。

11 在這個描述中，為了讓過程清晰流暢，報導人同時假設男女雙方同屬一個長屋聚落，或者屬於相鄰的聚落，由男家前往女家短程步行即可抵達。

12 每一頂帽子之間，以及最低一頂帽子與新娘的頭之間，都保持2到3英寸的距離，因此並沒有直接壓在穿戴著盛裝頭飾的新娘頭上。這個動作的意象是要在新娘的頭上構成一個8頂遮陽帽形成的「塔」。但是實際上，由於持帽女性的身高有限，到第五頂以上，就很難保持在新娘頭頂的正上方，往往變成一座向後傾斜的帽塔。

13 不是婚禮中新人手握的那把。

14 報導人夫婦中的妻子，也就是由 Long Arangor 嫁到 Long San 來的女士，提供了另一個婚禮的細節：在加里曼丹，Long Arangor 源出的部落 Lepo Maoh 的 Kenyah 族人習俗中，新娘在婚禮之前幾天，就會到新郎家過夜。第二天早上，新郎家會煮一鍋米飯，送到新娘家中。在米飯的上面，會放置一個物件，是由兩片穿孔銅板中間夾一枚白色貝珠所構成。用線穿過這三樣東西的中央孔洞，綑綁固定後，構成一個「工」字形類似線軸形狀的東西。如果是貴族家，還會在上面蓋一面銅鑼，作為飯鍋的蓋子。女方家收到這鍋米飯後，就和親友分享。到中午時分，男方家也和親友前來分享這鍋米飯。在這個儀式過後，兩家人就會開始協商婚禮的日期以及相關的細節。

15 而不是另一種常見的形式，入殮後將棺木固定安置在粗大圓木柱的頂端。下詳。

16 報導人承認：掘地下墓穴，再在墓穴旁樹立圓柱，並不是很常見的墓葬形式。但是因為父親的意願指示的，就是這樣，只能遵照辦理。

17 據報導人說：只要準確的找到陶甕肩部在塑造時的銜接線，將陶甕浸泡在河水中，用長刀奮力一擊，就可以順利切開，不致造成陶甕整個碎裂。峇南河中游的 Maloh 族群的甕棺，也是透過這種方式製作而成的。

18 Peter Metcalf（1991:42）在研究 Kenyah 另一支系 Long Teru 的 Berawan 喪葬儀式中提到：「另一個和前往陰間的路途隱諱相關的儀式，要將屍體的雙腳放在一面大罐中，再在罐中倒入幾磅稻米。」這和我們理解的銅鑼帶來重生的作用相符，但是要加上稻米與生命之間互可轉換的觀念。

19 「我在第一章裡指出，噪音、混亂與嬉鬧是所有重大的公眾儀式不可或缺的要素。缺少了這些要素，就代表整個活動相當失敗。在喪葬儀式中，這種情緒更始高漲，發條上得更緊了，超過平常的程度。我認為這個氣氛和慶典的模稜性（equivocal）有關，慶典既提供娛樂，同時也具有保護整個社群不致遭到立即危害的作用。現在我們又觀察到第三個要素，就是對於毫無偽裝的生機與活力的需求，最清楚的證據就是儀式過程中兩性之間一場的輕狎舉動……老人們看著這些尋歡作樂的行徑，總會品頭論足地說：『有那麼多精力充沛的年輕人，長屋一定會興旺起來。』他們會說：『很快的會有更多的嬰兒誕生。』」（Metcalf 1991: 134）

20 鷹占是由特定有經驗的人，在特定的位置，用特定的樹枝規劃出觀察的視線範圍，然後等待鷹的出現，由鷹的飛翔方向以及姿態判斷吉凶。

21 一個族群的知識體系中，一方面建立了解讀自然界資訊，「以斷吉凶、以定行止」的一套機制，顯然族人也相信這些資訊是有用的。但是在特定儀式的場合，又刻意阻絕這些有用的資訊，以免業已開始、或不得不執行的儀式受到干擾。這不免讓人聯想到當代的國家政治，在言論自由方面，也常擺盪在「一言堂」與「察納諍言」及「百家爭鳴」等不同的態度之間。只不過，Long San 聚落 Kenyah 族人只有在重要儀式時，一旦祭儀開始進行，就淨化聲音環境，執行到底。實行言論控制的政體，卻似乎是無時無刻都處在儀式情境之中，依靠儀式治國，不容許雜訊出現干擾，即便這些雜訊可能是有益的。

岩燕之涎與筵宴之鮮

東南亞燕窩的商品價值與社會生產關係

05

前言

在一般英文文獻中,稱華人食用的燕窩爲"birds' nest"、"edible birds' nest"或"swiftlets' nest"。在華人圈的飲食文化中,燕窩被視爲一種珍饈,一般來說沒有太大的疑義。當然,現代智慧型("eat smart")或者說反思型("eat conscientiously")的消費者,對於燕窩不乏質疑的聲音。但是隨著中國國內人民消費力的提升,燕窩的市場更加蓬勃發展,也是明顯可見的趨勢。可想而知,燕窩不是常民的飲食中的大宗食品。但是,海內外凡是華人,即便沒有見過或吃過燕窩,絕大多數的人聽到「燕窩」兩字,大概都會油然生出敬意與嚮往。要說在中國飲食文化的象徵位階上,燕窩居於拔尖的地位,絕不爲過。在想像中,燕窩往往伴隨著宮廷、豪門、奢宴、異國與神祕的意象。人們對於詳細的情形可能不甚了了,但多半模糊的知道:燕窩背後隱藏著很大的「功夫」,包括燕子的功夫、人的功夫和錢的功夫:燕子「嘔心瀝血」地築巢,「南洋土著」冒著生命危險攀高採收,然後中間商上山下海取得貨源,層層轉銷,最後才能由富裕的消費者購得。

然而這樣的大費周章,都是建立在一個人們並不十分清楚的前提上:燕窩想必是有價值的,但是這價值究竟是怎麼產生的呢?這篇論文的主旨,就是希望透過文獻的爬梳,加上砂勞越燕窩產地的田野資料,探討東南亞某處遙遠陰暗的石灰岩洞中,某些特定品種的燕子用唾液構築的,一叢一叢看起來其貌不揚的鳥窩,是怎樣被漢醫傳統認定爲補品中的極品,產生市場價值,並且獲得新的文化分類,繼而衍生出一個龐大的環南中國海燕窩貿易的商機?

東南亞的傳統海上貿易與燕窩

在東南亞歷史、財經、文化研究的領域中，燕窩都是學者們熟悉的一項重要的貿易品。目前在環南中國海的市場上，燕窩的貿易金額仍然相當龐大。依照位於新加坡的「東南亞國協燕窩貿易商協會」（Asean Birds' Nest Traders Association）的估計，以印尼爲例，其佔有全球燕窩出口市場的70%，年出口金額在2億到2億5千萬美元之間，1997年的出口量爲170公噸，並且預計1998年會有10%的成長率。其他的主要燕窩出產國包括越南、馬來西亞與泰國（Cohen and Redeb 1999: 48）。國際環保團體與野生動物保護協會近年也對燕窩貿易密切關注，深怕因爲華人嗜吃這種燕子的口涎構成的燕窩，而危及燕子的生存與繁衍。過去10多年間東南亞經濟的繁榮，以及中國改革開放後國民消費能力的提高，市場成長，更加深了這方面的顧慮。

雖然說燕窩具有這樣顯赫的地位，但是不論在哪一個領域中，針對燕窩的研究，卻是異常的貧乏。就燕窩的生產方式與生產關係而言，在英文文獻中，除了少數純粹描述與政策參考的文章（例如Cranbrook 1984; Leh 1993; Meday 1957）之外，只有Leonard Blussé (1991)的論文"In Praise of Commodities: An Essay on the Cross-cultural Trade in Edible Bird's Nests"探討的是燕窩生產與貿易的歷史。但是 Bluessé 文章的目的，是企圖由這個商品的研究爲例，呈現出「東方貿易真正的特質（the true nature of Oriental trade）」（ibid: 317）。Blussé的研究以東加里曼丹（Eastern Kalimantan）、爪哇南岸（Java's South Coast）、巴達維雅（今雅加達）近郊（Batavia's Countryside）以及占婆島（越南東南岸）（Champa Islets）4個燕窩產地爲例，討論的時間由18世紀中到19世紀初。

Blussé利用文獻資料細膩的呈現出這4個產地的燕窩生產關係，以及曲折的歷史過程。他指出：在東加里曼丹，生產燕窩的岩洞所有權原本分屬於蘇祿（Sulu）蘇丹王朝中的一些達官顯貴，採集的工作則是由婆羅洲當地土著以奴隸的身分擔任。後來蘇祿海一帶的Taosug商人和來自蘇拉威西的Buginese商人爭奪燕窩貿易的利潤，分別和不同的婆羅洲土著族群結盟，發生激烈的爭鬥。最後導致東加里曼丹南部的Segai-i部族趁機入侵，以屠殺及驅逐的手段，消滅了原來的土著族群，使得原本蘇祿權貴和Bugis商人控制下的生產方式被破壞。當英國的北婆羅洲特許公司力量進入後，就成功的由蘇祿蘇丹和Bugis商人手中奪得了燕窩的經營權。

在爪哇南岸，生產燕窩的岩洞原本屬於當地的君主所有，採集與看守岩洞的工作則由當地居民以服勞役（corvée）的形式擔任。荷蘭東印度公司的力量進入後，壟斷了貿易及貨運的業務，而後原本擁有岩洞所有權的君主索性將權力租賃給殖民政府。但是基層的採集與守衛工作，形態並沒有改變，仍然由當地居民擔任，只不過由向君主服勞役成爲向殖民政府服勞役。

巴達維雅城近郊的燕窩岩洞，由東印度公司公開招標，得標的荷蘭商人向公司定期交稅，在生產方式上，和爪哇南岸的情形類似，由當地居民擔任採收勞工，作爲勞役的一部份。

越南的占婆島一帶，原本離岸島嶼的燕窩岩洞，由當地漁民開採自由出售，阮氏王朝建立後，派駐屯兵，並且允許屯兵開發當地的燕窩，每年再上繳重稅給朝廷。屯兵自己並不進行採集，仍然依賴當地的漁民擔任危險的採集工作，採集回來後，由屯兵向漁民按船或按人頭抽取一定比例的燕窩作爲稅金。

Blussé的主要論點在於：這些多元化而充滿地區差異的燕窩生產

與貿易關係，到了19世紀中葉之後，就逐漸轉變成爲華商壟斷的局面。按照Blussé的看法，這個轉變的原因，在於華商以「包稅」（tax farming）的方式，深入內陸燕窩產區，以極端優惠的條件提供土著在當地極受歡迎的中國製造品（如棉布、陶瓷器等），換取燕窩。同時，和歐洲商人相比，華商比較有耐心處理這種纖細的商品。華商還用燕窩取代白銀，寄回老家，這也受到當時荷蘭殖民政府的鼓勵，因爲可以避免白銀的大量外流。用Blussé的話說：「這個曾經是跨文化的燕窩貿易網絡，逐漸轉變爲單一文化的貿易體系了」（ibid: 333）。而其中值得省思的是：

> 研究西方勢力擴張歷史的學者，多半只會注意到西方人在亞洲區域內貿易（the intra-Asian trade）獲利的增加。燕窩貿易的例子給我們一個教訓：如果我們關注某一個特定商品的生產模式，以及其相關的權力鬥爭，我們可能會發現另外一幅景象。在燕窩的貿易上，情況正好相反：西方勢力的擴張，實際上是爲中國貿易的擴張鋪了路。（ibid.: 334）

姑且不去深究或者反駁Blussé的論點，[1]他觀察到的華商在歐洲貿易體系建立後，發展出對於燕窩的壟斷，也可能有其見地。但是筆者認爲，華商能夠壟斷燕窩的貿易，並且直到今日維持壟斷的局面，除了搭西方貿易體系的便車之外，還包括對於生產的一端不辭辛勞的深入經營；而且更重要的，可能還在於華商對於消費端需求的理解、掌握甚至操弄。畢竟燕窩的貿易網絡，其最大及最終的消費市場不是在中國，就是在相對富裕的華人社會中。而燕窩的價值，非常明顯的是由文化系統界定或建構的。這是一個以華人消費市場爲核心，而非以歐美市場爲核心的區域世界體系。

Immanuel Wallerstein的世界體系理論提出後，得到的重要迴響之一，就是亞洲研究的學者對他的批評。認爲他過度膨脹了歐洲

資本主義與殖民主義對於世界體系建立的重要性。早在以歐美爲主的世界體系形成之前，世界不同地區的區域性貿易圈，就已經構成了數個不以歐洲爲唯一中心的多元世界體系（參考Abu-Lughod 1989）。在這個議題上，研究亞洲歷史的學者的貢獻尤其重要，因爲亞洲、尤其是東南亞的海洋貿易，長久以來已經是一個成熟的研究領域，不只對歷史學家而言，海洋貿易是東南亞史上不容忽視的重要事件，對人類學者而言，東南亞社會文化單位的形成與變化，對於人類學傳統封閉性小社群研究取向與理論的適用性，更是一大挑戰，其原因也就是因爲高度發達的海洋貿易，對於個別社會文化體系特性的建立，所具有的影響。

在這個議題之下，荷蘭學者Jacobus van Leur (1955)著重於小販與國家的關係，以及在東南亞發展的自成一格的貨幣與商品化的過程。Marshall Sahlins (1988)則強調在鋪天蓋地而來的資本主義勢力之下，地方社群與他們的文化系統所具有的能動性。在跨太平洋的交換體系中，由文化體系所決定的「聲譽價值」（prestige-value），往往有能力凌駕在資本主義體系所遵循的「交換價值」（exchange-value）之上，甚至讓整個資本主義體系成爲地方文化的俘虜。

但是，聲譽價值如何產生，或者如何決定？Arjun Appadurai (1986)認爲，不是價值產生交換，而是正好相反，是交換產生價值。一件東西是可欲的，因此人們會透過交換企圖得到它，這只是表象。事實上是，一件東西之所以可欲，是因爲它成爲交換體系中的一個物品，參與交換的人，可以在經手這個物品中的過程中，或者透過將這個物品在商品與禮物兩個面向（phases）之間轉進轉出，抗拒其他人企圖透過交換獲得這個物品的努力，藉此累積或提高個人的價值，而這個個人的（借用Sahlins的話說）聲譽價值，更使得被交換的物獲得價值，成爲人們願意付出代價、透過交換獲得的對象。

Appadurai在這裡使用了Igor Kopytoff (1986)的一個觀念，就是「商品」與「禮物」不是因爲生產方式不同而具有本質上差異的兩類物品。「商品」與「禮物」應該被視爲兩個面向（phases）或者階段。同樣一個物品，或者一類的物品，可以在「商品」與「禮物」兩個面向轉換，有時作爲商品，有時作爲禮物。如果我們採取一種「方法上的唯物崇拜」（methodological fetishism），以一個物品或者一類物品爲核心，探討它的生命史，在商品與禮物兩個面向中轉換進出的過程，將有助於了解不同生產模式間串連的情形。

下面，我們就以中文文獻以及砂勞越的田野資料作爲基礎，討論在中華文化圈中，燕窩作爲一種珍饈，它被認定的價值，是如何發展出來的。

中國社會對燕窩的需求

「古老」的迷思

儘管燕窩在中國傳統醫藥、食療及大衆知識中，佔有顯著的地位，但眞正系統化的知識，卻並不如預期的完整豐富，年代似乎也並不久遠。有趣的是，在一般性的英文作品中，經常傾向於把燕窩的消費標榜成一種「古老的中國習俗」。例如，在American University的James R. Lee教授主持的TED (Trade Environment Database)網站上，由一位Jeanine MacKay撰寫的一份個案報告"Swifts and Trade"中，一開頭就把中國開始消費燕窩的年代，上推到唐朝。[2]因此認定「燕窩湯作爲中國文化的一部份，已經有一千年的歷史了。」而在砂勞越從事考古工作的Barbara Harrisson (1958: 609-610)，也以在Niah石洞的發掘中，有刮燕窩使用的同形制小鐵劇（當地伊班語稱爲*julok*）與唐宋的陶瓷器相

伴出土作爲證據，認爲砂勞越與中國的燕窩貿易，早自唐代就已存在。[3]

中國研究學者的看法，反而比較保守，Leonard Blussé (1991: 321) 引用日本學者 Shinoda Osamu 的意見，認爲燕窩最早在中文文獻中出現，應該是賈銘所著的《飲食須知》。賈銘生於元而卒於明，成書應該是在明初。該書中只是簡單的記載道：「燕窩，味甘性平。黃黑霉爛者有毒，勿食。」除此之外，明代文獻中有關燕窩的記載，其實出現得並不頻繁。萬曆年間張燮所著的《東西洋考》，有關交趾、占城（以上在今越南）、彭亨、麻喇甲（麻六甲）、大泥（吉蘭丹）、柔佛（以上在今馬來西亞）、亞齊（Aceh，在今蘇門答臘）與柬埔寨的物產記錄中，都列有燕窩。在交趾國的記錄中，作者註記道：

> 燕食海藻，吐以作巢。依石穴上伏其卵生雛，故多著毳。夷人梯取之。王敬美閩部疏謂：海燕所築，唧之飛渡，倦則擲置海面，浮之若杯，身坐其中，久之復唧以飛，為海風吹泊山澳，海人得之以貨。此好奇而誤入之者也。(1962: 31)

這當然是張燮以第一手資料糾正更早以訛傳訛的說法。不過「食海藻吐以作巢」的說法，仍然是早期文獻中一個很普遍的錯誤，這點後面還會談到。《東西洋考》中另外一個有意思的記錄，就是當地人對燕窩的使用。在占城（Champa）的記錄中，張燮引用《華夷考》中的記載：「海燕大如鳩，春回巢於古巖危壁，葺壘乃白海菜也。島夷伺其秋去以修竿接鏟，取而鬻之，謂之燕窩，宴品珍之。」(p. 57) 由此看來，當地族群可能原先就將燕窩當作食物。由「宴品珍之」，可見當時燕窩在中國似乎也已經擁有一定的消費市場，只不過對它的來源，不甚了了。但是綜觀《東西洋考》，對於燕窩的性質與使用，並無太多著墨。

在伊永文先生著的《明清飲食研究》中，詳細呈現了明清宮廷飲食的用料與個別皇帝的喜好，但是在絕大多數明朝皇帝的菜單裡，都找不到燕窩。依照伊先生的研究，只有明代佚名小說《檮杌閒評》中，用駢麗的詞藻描寫明朝皇后、妃嬪的日常膳食，其中有「燕窩並鹿角，海帶配龍鬚」的說法，以及清人王譽昌所撰的《崇禎宮詞》中，提到崇禎皇帝喜好燕窩羹（伊永文1997: 271, 275）。

更值得注意的是：明萬曆年間（1573-1620）李時珍所撰，包羅萬象的《本草綱目》中，關於燕窩的記載，仍然付諸闕如。成書於明孝宗弘治年間（1506），至清康熙年間（1701）補正，號稱「明清兩代唯一敕撰本草」的《本草品彙精要》及《續集》，以及同是清代劉漢基所撰的《藥性通考》中，也都完全沒有關於燕窩的記載。一直要到乾隆時代的1765年，趙學敏所著的《本草綱目拾遺》才有較爲詳細的描述。作者在收集關於燕窩療效的資訊之後，也說：「惜乎本草不收，方書罕用。」《本草綱目拾遺》本身所引用的文獻中，比較早的是明人陳懋仁的《泉南雜志》：

> 閩之遠海近番處，有燕名金絲者。首尾似燕而甚小，毛如金絲。臨卵育子時群飛進細沙泥有石處，啄蠶螺食。有詢海商，聞之土番云，蠶螺背上肉有兩肋如楓蠶絲，堅潔而白，食之可補虛損，已勞痢。故此燕食之，肉化而肋不化，並津液嘔出，結爲小窩附石上。久之，與小雛鼓翼而飛，海人依時拾之，故曰燕窩。（趙學敏1971: 428）

燕窩不見於中國更早的本草文獻，這裡說是「聞之土番」，和上述《東西洋考》中的「島夷……取而鬻之」的說法，可以互相對照，加強東南亞某些民族原本即食用燕窩，而後將燕窩的利用方式授與華商，後者攜回中土的可能性。儘管如此，燕窩在中國社會中的消費起源，尤其是確實的年代，仍然撲朔迷離。在明代大部分的時間

裡，似乎並不普遍。可以確定的是，從清代開始，文獻中有關燕窩的記載，大量出現。不只是有關外洋諸國的物產、貢品與商品中充滿關於燕窩的記錄，燕窩的稅率成為施政議題，在皇室的飲宴中大量的出現燕窩，小說中也以燕窩作為話題。同時，有關燕窩的藥效與食療效用，也開始出現系統化的討論，燕窩這個奇異的舶來品，開始被整合到博大精深的中醫知識系統之中。

食療與藥效

江蘇新醫學院（1986: 2654）編的《中藥大辭典》中對於燕窩功用的記載，主要是：「養陰潤燥，益氣補中。治虛損，癆瘵，咳嗽痰喘，咯血，吐血，久痢，久瘧，噎膈反胃。」《本草綱目拾遺》中也說：「味甘淡平，大養肺陰，化痰止嗽，補而能清。為調理虛損勞瘵之聖藥。一切病之由於肺虛不能清肅下行者，用此皆可治之。開胃氣，已勞痢，益小兒痘疹。可入煎藥或單煮汁服。」其他相關文獻中列舉的療效，大多不出這個範圍。但也有比較特別而值得一提的：（一）明末清初人士方以智（1611-1671）所著《物理小識》中載有：「燕窩能止小便數」；（二）清人吳震方所撰《嶺南雜記》中說：「紅色者治血痢」；以及（三）《食物宜忌》中提到：「壯陽益氣，和中開胃，添精補髓，潤肺，止久瀉，消痰涎」（趙學敏1971: 429）。

燕窩之所以具有這些療效的原因，在許多文獻中也提出了各種說法。其中有一個普遍的見解，就是認為燕窩的成份與燕子的食物有關，燕子只是將這些食物加工吐出，作成燕窩。除了上面引述過的食海藻、蠶螺之外，也有食小魚肉的說法。各種說法中，最饒富意義的是《本草綱目拾遺》中引用《粵錄》的意見：

> 海濱石上有海粉，積結如苔，燕啄食之，吐出為窩，壘壘巖壁之間。島人俟其秋去，以修竿接鏟取之。海粉性寒，而為

燕所吞吐則暖。海粉味鹹，而為燕所吞吐則甘。其形質盡化，故可以清痰開胃云。凡有烏白二色，紅者難得。蓋燕屬火，紅者尤其精液。一名燕蔬，以其補草木之不足，故曰蔬。榆肉產於北，燕窩產於南，皆蔬也。（趙學敏 1971: 428）

稍後趙學敏又引用明末清初人士張璐（1617-1700）所著《本經逢原》中的記載：

（燕窩）甘平無毒，鳥銜海粉作窩，得風日陽和之氣，化鹹寒為甘平，能使金水相生，腎氣上滋於肺，而胃氣益得以安。食品中最馴良者。惜乎本草不收，方書罕用。今人已知調補虛勞咳吐紅痰。每兼冰糖煮食，往往獲效。然病勢初淺者為宜。若陰火方盛，血逆上奔，雖用無濟，以其幽柔無剛毅之力耳。（同上書: 429）

與此類似的意見，也見於清人黃宮繡所著的《本草求眞》：

燕窩由燕銜海粉作窩所成，海粉鹹寒，得燕銜於風高之處，而變甘平。可入肺生氣，入腎滋水，入胃補中。俾其補不至燥，潤不致滯，而為藥中至平至美之味。是以虛勞藥石難進，用此往往獲效，義由於此。然使火勢急迫，則又當用至陰重劑以為拯救，不可恃此輕淡以為扶衰救命之本，而致委靡自失耳。（李誠祜 1968: 762；江蘇新醫學院 1986: 2654）

雖然我們現在的鳥類學知識（例如 Cranbrook 1984: 146），已經證明燕窩的成份與燕子的食物無關，純粹是唾腺分泌的唾液構成，[4] 但這三段引文都清楚呈現出：由中醫的觀點，燕窩療效的基礎，就是「中和」與「轉化」。將「寒鹹」的海粉，透過「屬火」的燕子的吞吐，或者「銜於風高之處」，「得風日陽和之氣」。所產生的結果就是「形

質盡化」，其特性成為「至平至美」、「最馴良者」。

不只是專業的醫學著作有關於燕窩療效的見解，一方面由於中醫知識本身具有擴散的特性，另一方面可能也由於清代以後燕窩的流行，在文學作品中，也不乏燕窩的知識。最具代表性的，可以引《紅樓夢》第45回中寶釵與黛玉的對話：

> 寶釵點頭道：「……古人說，『食穀者生』。你素日吃的竟不能添養精神血氣，也不是好事。……昨兒我看你那藥方上，人參肉桂覺得太多了。雖說益氣補神，也不宜太熱。依我說：先以平肝養胃為要。肝火一平，不能克土，胃氣無病，飲食就可以養人了。每日早起，拿上等燕窩一兩，冰糖五錢，用銀吊子熬出粥來，要吃慣了，比藥還強，最是滋陰補氣的。」（曹雪芹1983: 744）

可見在寶釵的觀念裡，燕窩是屬於那些燥熱補品的對立面，效果在於「平肝養胃」、「滋陰補氣」。

「春藥」的迷思

綜合上面這幾段引文，可以看出，燕窩被認為藥性非常溫和，主要的作用是對於肺、胃腸等系統的調理。是一種可以平肝火，又不致於重寒的補品。但是，我們可以看到另外一個有趣的現象，就是在英文的著作中，有時會輕易的認定中國人把燕窩當成一種刺激性慾的食品或藥品（aphrodisiac）。不只是上面提到 Jeanine MacKay 的網路文章指出中國人「一千年來」就將燕窩視為 aphrodisiac，就連嚴謹的漢學大師 Leornard Blussé（1991: 322）也說：「在這個藥品的滋補效用方面，《本草綱目拾遺》除了刺激性慾的作用之外，還列舉了10多種用法，例如化痰以及治療胃腸不適」。[5] Blussé 的意思似乎

是說，《本草綱目拾遺》將刺激性慾列為燕窩的主要療效。但我們看到，該書中可以勉強稱得上和催情或壯陽有關的記錄，就是引用《食物宜忌》中提到的燕窩「壯陽益氣，和中開胃，添精補髓，潤肺，止久瀉，消痰涎。」這樣的提法，顯然是說：它的療效仍然在於一般而全面性的「滋補」。即便是「添精補髓」，也是說在養生之餘，整體上有促進性功能健全的效果，但是和虎鞭、鹿鞭等核心的壯陽藥物相比，燕窩對於增強性慾方面，絕對是相當邊緣性而次要的食材。其他的本草、方書，也都沒有列舉這方面的效果。燕窩的功效其實和那些「至陽」的食物、藥物相反，是一種溫和陰潤的東西。但是，所謂的「滋陰」，又和「婦人媚道」（參考李建民1996）中涉及的「媚術」與「媚藥」，沒有直接的關係，因此也不能視為提高女性性慾的聖品。當然，Blussé論文的重點，並不在於燕窩的療效，但是這樣的說法，不免讓人感到，強調燕窩的催情作用，和認定燕窩在中國已有「上千年的歷史」一樣，都多少誇大了它奇風異俗的色彩（exoticism）。

「吸收精力」的迷思

不過，從另一方面來說，燕窩的療效，也確實有它神祕曖昧的部份，讓人得以充分發揮個人的想像力，加以詮釋。例如，在1964年10月出刊的砂勞越政府公報Sarawak Gazette上，刊登了一篇署名Chu Chin Onn所撰寫的文章，標題為 "Birds' Nests: Sarawak All-Cure"（〈燕窩：砂勞越的萬靈藥〉，收在附錄1）。作者是一位在砂勞越博物館任職的華人，具有中醫的背景。這篇短文中首先肯定燕窩對於呼吸系統的好處，接著以老生常談的語氣指出，燕窩應該在睡前或起身前服用，應該躺著服食以增加燕窩對於上半身器官的溫潤作用，最好用陶瓷而非金屬器皿蒸煮。不過，這篇文章最具有啟發性的地方，是提出了一個不見於方書的「另類觀點」，就是燕窩應該要由年輕人來料理：

要服用燕窩的人自己當然不應該從事清潔、去毛等料理的工作，這些工作十分繁重，需要消耗時間、注意力以及精力，而且也會耗損健康、氣與精力，這些氣與精力會由人身上散發出來，被燕窩吸收，因此到頭來他是在付出他自己的精力。

在古時候，人們特別狡猾。他們會支使年輕而且未婚的人作這些工作，要求他們用很快的速度完成蒸煮，這是對健康有好處的。快速的料理節省時間，以免燕窩在水中泡得太久，養分被吸走了。健康的年輕人身體強健，充滿活力、熱力與氣。他們在清潔、去毛時和燕窩接觸，體熱也充滿在專心工作的場所中，這些健康的體熱與精力都可以被燕窩吸收。（Chu 1964: 259）

乍看之下 Mr. Chu Chin Onn 的這個觀點似乎有點異想天開。其中「氣」的論點，也未免流於粗糙。但是值得注意的是，Sarawak Gazette 雖然不是學術刊物，卻也是發行至今超過一百年的官方公報，絕對不是八卦雜誌（tabloid），這篇文章的英文不太地道，但是頗具有殖民地華式英語的特色。Sarawak Gazette 的編輯選載了這篇文章，同一版面就緊接著刊載了另一篇名爲 Michael Fogden 的作者寫的題爲 "Cave Swiftlets and Birds' Nests"（〈岩燕與燕窩〉）的文章，全文以博物學家的筆調，討論了燕子的種屬、燕窩的成份、動物的生態以及少許的社會文化資訊。我們只能解讀爲：該期的編輯有意在燕窩這個對砂勞越而言具有重要經濟意義的議題上，呈現一個中醫專業的觀點，來和西方博物學的觀點相對照。而且 Chu Chin Onn 的短文一旦刊出，也就成爲公共知識的一部份，無法完全漠視。

其實，Chu Chin Onn 的短文，也可以說是神話化了一個有關燕窩的事實，就是其中牽涉到的勞力。燕窩的採收與清理過程，是出了

名的耗時耗力。生產燕窩的岩洞往往地勢險峻，採收時需要攀爬簡單的竹木竿或高梯，工作環境危險性高，在一般人的觀念中，往往認為因採收燕窩而喪生者，為數不少。[6]而除了Blussé (1991)提到的因為爭奪岩洞產權與行銷權所發生的流血衝突外，燕窩的加工過程，主要是清潔及剔除絨毛與其他雜質的工作，更是耐力、體力與眼力的大考驗。這一部份的加工程序，通常是控制在華人中大盤商的手中，但是實際工作者，又是清一色的年輕女性。在砂勞越及印尼的中大盤商，雇用處理燕窩的女工，各個族群都有，一般而言工資低廉。筆者在田野期間，曾經在砂勞越峇南河中游Sungai Dua的報導人家中觀賞一卷家庭錄影帶。這位報導人本身擁有岩洞，是燕窩的生產者。錄影帶顯示一間印尼的燕窩生產公司清理燕窩的工作情形，可以看到教室一般大小的房間裡，排排坐著身穿制服的各族女工，以機械化的動作清理面前泡在清水碗中的燕窩，迅速地用鑷子夾出細絨毛及草木雜質，敲擊在另一個盛裝清水的小碟中，漂淨鑷子，整個房間充滿著清脆規律的聲響。華人男性企業主則背著雙手，在走道上來回巡視。強烈的對比畫面讓人印象深刻。此外，Blussé (1991: 325)也提到：在廣州，清理燕窩的工作往往由富有的進口商自己的家庭婦女勞力所承擔，特別是藉由這份工作來考驗新媳婦是否任勞任怨。

就這個意義來說，Chu Chin Onn消費燕窩是在吸收年輕人精力的說法，也可以被視為一則寓言。令人連想到Michael Taussig (1980)研究的玻利維亞錫礦工人，在高度資本主義化與商品化的生產模式破壞了原本人與山的精靈Tio的固定儀式交換關係後，將礦災解釋為Tio嗜吃年輕人的血肉。當然，東南亞海洋貿易的歷史，以及商品化過程的深遠，和中南美洲有很大的不同。另一方面，在燕窩的生產到消費的過程中，又多了一層性別與長幼的不平等關係，而不是光是白人／華人資本家對土著的剝削關係。不過如論如何，燕窩的消費背後所包含的勞力投資，不僅是事實，其實也是消費者念

茲在茲的一件事，燕窩之所以尊貴，和消費者意識到它背後的勞動
力投資，密不可分。上面的《紅樓夢》引文，寶釵好心建議林黛玉試
用燕窩後，善良而有自知之明的黛玉就嘆道：

> 「……雖然燕窩易得，但只我因身子不好了，每年犯了這病，
> 也沒什麼要緊的去處；請大夫，熬藥，人參，肉桂，已經鬧
> 了個天翻地覆了，這會子我又興出新文來，熬什麼燕窩粥，
> 老太太、太太、鳳姐姐，這三個人便沒話，那些底下老婆子
> 丫頭們，未免嫌我太多事了。」（曹雪芹 1983: 744）

燕窩作為禮物

不過，林黛玉還是很快的就吃到燕窩了，因為她這麼說了，寶釵卻
隨即回答道：

> 「我明日家去，和媽媽說了，只怕燕窩我們家還有，與你送幾
> 兩。每日叫丫頭們就熬了，又便宜，又不驚師動眾的。」黛
> 玉忙笑道：「東西是小，難得你多情如此！」（曹雪芹 1983:
> 745）

燕窩既然具有這燕溫和滋補的療效，副作用小，也就成為社交饋贈
的寵兒。[7] 送起禮來，讓人格外「窩心」。不只是民間用燕窩作為
禮品，燕窩更是中國歷史上最有代表性的「禮物中的禮物」——貢
品——中重要的項目。不過，就中國歷史資料來看，東南亞各國對
中國的朝貢中，燕窩的出現相對來說也是比較晚的。不只是宋代《雲
麓漫鈔》（約成書於1206年）福建市舶司常到諸國駛船條所記載的
各國貨物中沒有燕窩（李東華 1984: 10），即使在明初朝貢制度大備
後，明朝中葉的黃省曾所撰的《西洋朝貢典錄》中，也還是沒有燕窩
（邱炫煜 1993:137-39）。雖然根據伊永文（1997: 336）的研究，明

代章回小說如《型世言》及《金瓶梅詞話》中，已經顯示出燕窩在東南沿海貿易上的重要性，以及在貴族家中日常膳食中普遍的程度。但似乎一直到雍正年間，才有蘇祿進貢燕窩的記錄：

蘇祿，南洋島國也。雍正四年，蘇祿國王毋漢未母拉律林遣使奉表，貢方物。五年六月，貢使至京，貢珍珠、玳瑁、花布、金頭牙薩白幼洋布、蘇山竹布、燕窩、龍頭、花刀、夾花標槍、滿花番刀、藤席、猿十二種。賜宴賚賞，頒敕諭一道，令使臣齎回。定期五年一貢，貢道由福建。

同樣的，到了乾隆之後，燕窩在貢品與貿易品中的地位才確定下來。清初康、雍二帝，多少還保持一些創業維艱的刻苦習慣，飲食中也保留若干關外的風格（林永匡、王熹1990: 233-54），到了乾隆，國力鼎盛，宮廷的御膳中也開始出現大量的燕窩。不只是皇帝早晨起床後第一個進用的通常是冰糖燕窩，在菜餚中，燕窩也不勝枚舉。[8] 尤其足以表現燕窩尊崇地位的，就是到了光緒年間，遇到宮中有特殊場合，例如皇太后病癒或年節盛宴，皇帝、太后與后妃之間，還時常互贈宴席，慣例要用菜餚排出吉祥辭句，而這些領頭的吉祥菜餚，又非燕窩莫屬，例如：燕窩喜字口蘑燜鴨子、燕窩壽字三鮮肥雞、燕窩平字金銀鴨子、燕窩安字什錦雞絲，排出「喜壽平安」4字。當然不同場合也可用「萬壽無疆」、「洪福萬年」等辭句（同上書：273-76）。因此燕窩不僅是一道珍饈，更是儀禮交換用的食品，既攀人情，又討吉祥。

最足以表現燕窩的儀式地位，莫過於衍聖公孔府的筵席了。伊永文（1997: 328-35）指出，明太祖重新明定了衍聖公府的禮儀地位，清代時更將祭孔的規格提升到八佾，「作為斯文的宗主，文官領袖的孔府，要保持『天下第一家』的聲威，除了在儀仗、服飾方面，飲食則最為主要的了。」而孔府菜中，「燕菜全供」或「燕菜全席」則是最高

檔的筵席，主要用以迎迓聖駕，以及隨駕祭孔東巡的高級官員（林永匡、王熹1990: 363）。但是，「燕菜全席」中並非全是燕窩，而是只有主菜4大件中有「瓊漿燕菜」一件（同上書：355）或四鹽一鍋中有「一品官燕」一件（伊永文1997: 337）。倒是孔府要貢納皇帝時，就比照宮廷的規格。例如1894年，慈禧太后60歲生日，衍聖公攜妻母上京賀壽，就由孔老太太進貢早膳一席，其中就包括「燕窩萬字金銀鴨塊一品、燕窩壽字白鴨絲一品、燕窩無字三鮮鴨絲一品以及燕窩疆字口蘑肥雞一品」（林永匡、王熹1990: 366）。

就這裡參考的林永匡、王熹，以及伊永文幾位先生的著作而言，出現三個值得注意的現象，其一就是，燕窩再如何尊貴，成為孔府筵席的代表，仍然不會被用在祭孔大典之中，祭孔所用的仍然是古禮的三牲配上質樸的民生食物（同上書：385），孔府筵的發展再怎麼奢華，主要是用在人間的交際，而非祭祀。第二個現象是，相對於其他食物的千變萬化，清朝宮廷與貴族筵膳中烹調燕窩的方法，嚴格說來其實相當單調，除了甜食的冰糖燕窩粥之外，就是搭配雞、鴨與海鮮。即使和民間種類繁多的美食相比，也顯得缺乏想像力。[9]似乎顯示出燕窩傳入中國後，消費發展的方向，並不在於把它真正納入博大精深的烹飪體系之中，在口感、搭配上推陳出新。對於燕窩，主要是在消費它被認定的食療效果，吃它作為禮物與食物分享儀式中的「心意」，以及它的「難得」與「稀有性」本身。第三個現象是，在這二本有關明清美食研究的著作中，關於宮廷或孔府膳食的後勤系統，都有相當的著墨。食物用料消耗的種類與質量，列舉甚詳，但不論在內務府或御膳房的檔案資料中，都找不到消耗燕窩的記錄。似乎作為烹飪材料的燕窩，是由另一個不同的管道供給到御膳房，再出現在膳桌上的。這三點觀察，當然都不是研究的定論，還需要進一步探討，才能窺得全貌。不過我們也可以意識到，作為珍饈的燕窩在傳入中國500多年後，仍然保持一種珍貴、特權與非主流的地位。

科學的燕窩

燕窩以「非主流」的身分，保持在中國醫學及食療體系中頂尖的地位，但是時至今日，這樣的地位也必須要依靠一定程度的「科學」知識作為基礎，才能夠維持。這一節，並不是要從營養學的角度，證明或否證燕窩的療效。就人類學的角度而言，更有興趣的無非是這一個東西，在一個社會或文化體系中，被放在什麼位置，人們透過怎樣的修辭與符號，去賦予或者掌握它的意義。有關燕窩成份的分析，已經在許多文獻中，隨手可得。我們先舉江蘇新醫學院（1986）編的《中藥大辭典》的解說為例：

> 【成份】天然燕窩，含水分10.40%，含氮物質57.04%，脂肪微量，無氮提出物22.00%，纖維1.40，灰份8.70%。去淨毛的燕窩其灰份為2.52%，可完全溶解於鹽酸，內有磷0.035%，硫1.10%；燕窩水解，得還原糖至少17.36%（以葡萄糖汁）；含蛋白質數種，其氮的分布為：銑胺（Amide）氮10.08%，腐黑物（Humin）氮6.68%，精氨酸氮19.35%，胱氨酸氮3.39%，組氨酸氮6.22%，賴氨酸氮2.46%，單氨（Mono-amino）氮50.19%，非氨（Non-amino）氮7.22%。燕窩又含氨基己糖（Hexosamine）及類似黏蛋白（Mucin）的物質。灰份中以鈣、磷、鉀、硫為多。（p. 2654）

臺灣的一位藥學博士許鴻源先生（1980）著的《中藥材之研究》中，則有這樣的說明：

> 1921年Chi-Che Wang在美國生化學雜誌（J. Biol. Chem. 1921, Vol. 49, No. 2, 429-439）報告燕窩的成份及其所含蛋白質稱：燕窩之成份為膠質，頗類似Mucin，去淨毛後測定其灰份平均為2.52%，此灰份完全溶解於鹽酸，其中

有磷0.035%，硫1.1%，當燕窩加水分解時，得還原糖至少17.36%，其所含蛋白質有數種。其氮之分布約略如下：Arginine 13.95%，Cystine3.39%，Histidine 6.22%，Lysine 2.46%，Humin 6.68% 等、複報告由燕窩中提得 Hexosamine 成份。（p. 874）

這兩部工具書，雖然具有一定的專業讀者群，但也是一般讀者都容易接觸到的資訊。在本文研究的燕窩產地砂勞越，過去的主管燕窩產銷的機構砂勞越博物館，在1993年出版了一本由館內工作人員 Dr. Charles M. U. Leh 撰寫的小冊子"A Guide to Birds' Nest Caves and Birds' Nests of Sarawak"，專門向一般英文讀者介紹砂勞越燕窩的種類、分布、採收方法、燕窩功用以及保育政策。其中關於營養價值一節，他的文字是這樣的：

Nutritional Value Of Birds' Nests: Edible birds' nest is a glycoprotein with properties of a protein as well as of a carbohydrate. Its composition resembles that of salivary mucin with a high ash content of 2.5 percent. It contains 10.3 percent nitrogen and 17.4 percent carbohydrate with traces of phosphorus, asernate, sulphur and vitamin B1. The energy value per 100g. edible portion is 345 kilocalories. The total protein content is about 85 percent with 0.3 percent of fat. Other minerals present are calcium and iron. Amino acids isolated from birds' nests consist of amide, humin, arginine, cystine, histidine and lysine. The total content of mono amino acids is about 6 percent. Birds' nest in itself is not a complete food protein. It is possible that when taken with certain other foods through a cooking process may have a high nutritive and therapeutic value to the human body. Recent studies in Hong Kong suggested that it may even be useful in the treatment of AIDS.（p. 28）　(Italic added)

我不厭其煩的長篇摘錄這些文字，是想要比較清楚的呈現出，作為一個好科學家，Dr. Leh 在循例列舉了燕窩的化學成份後，必須負責地指出：「燕窩本身並不是一個完整的食物蛋白。」不過他也樂觀地表示：「可能是透過烹飪，在和其他某些食物一起吃時，會對人的身體產生高度的營養或治療的效果。」燕窩最常一起烹煮的食物就是雞湯了，但我們看到《本草綱目拾遺》卻也記載道：「從新云，今人用以煮粥，或用雞汁煮之，雖甚可口，然亂其清補之本性，豈能已痰耶。有與冰糖同煎，則甘壅矣，豈能助肺金清肅下行耶（趙學敏1971: 428）。」[10]

我們眼見燕窩最風行的兩種食用方法——冰糖與雞湯——都已經被《本草從新》否決了，但顯然《本草從新》的論點並沒有影響到文獻中記載的宮廷習尚，更沒有被消費產品市場奉為圭臬。對這個現象可以有兩個解釋，其一是《本草從新》的論點只是中醫百家說法中的一種，其他說法正好持相反的態度，後學或消費者可用自由意志判斷取捨；其二是並非所有後學及消費者（例如Dr. Leh）都一定讀到過《本草從新》甚至《本草綱目拾遺》，或者是在讀到之後，也可能基於自由意志判斷取捨，決定不讓某一個論點，繼續流傳。這個現象說明的是，燕窩作為一種可欲的消費品或有價值的商品，其背後所依賴的某種程度知識上的斷層或阻絕。

Dr. Leh的介紹中還有一個引人注目的論點，就是「香港晚近的研究顯示，〔燕窩〕或許甚至對於治療愛滋病，也有用處。」在所有科學的謹慎保留的辭彙包圍中，再次確定了燕窩「拔尖」的地位，在重要性上和當今世界的頭號衛生醫療議題掛鉤。這個論點或發現，當然不會被燕窩的經銷商放過，在香港的一家商行，就在網路上刊登了這樣的廣告詞：

> 根據最新的醫學實驗報告，燕窩的細胞分裂激素與表皮生長因子可促進人體細胞繁殖與再生，其活性醣蛋白

（Glycoprotein）的水溶液更可直接刺激免疫系統（The Immune System）的細胞生長。促進新陳代謝，及增強機能功效，對小童、老人、體弱和病人的效果更為顯著。為醫治後天免疫功能喪失症（簡稱Aids）而露出一線生機。（http://www.healthynest.com/）

但是同樣的，燕窩想要分享愛滋病這個議題的王座，也不會被保育人士放過。在上面引用過的Jeanine MacKay的報告中，就反駁道：

> 香港中文大學生化學家Kong Yun-Cheng對於〔燕窩〕湯做了一項化學的分析，發現在燕窩中有一種水溶性的活性醣蛋白，能夠刺激免疫系統中的細胞分裂。然而，這種成份在清理過程中，就被破壞了。因此，燕窩湯本身的營養價值其實很低。

我們可以看到，一方面是經銷商小心翼翼的不敢踰矩，並沒有直接說出「因為有此成份，所以請多食燕窩湯。」希望由一知半解的消費者自己聯想，踴躍消費。另一方面，保育人士則迫不及待的防範於未然，指出這個成份會被破壞，因此吃燕窩湯沒有用。不論是食療家對於燕窩的消費，還是保育人士對於燕窩（這個議題）的消費，都站在同樣的一個基礎上，就是知識與資訊傳遞過程中的阻絕與斷裂現象。

「血燕」的迷思

其實，在整個燕窩的產銷中，還有一個重要的因為知識與資訊傳遞過程中的阻絕與斷裂，而對價值產生直接影響的例子，就是「血燕」的問題。雖然目前對於燕子生態的了解，已經確定：採收過度確實會對燕群的築巢與繁衍造成不利的影響，但並無燕子因為不斷築巢而力竭嘔出血絲的狀況。燕窩的色澤，主要是由築巢所在岩石的礦物成份所造成的。但是這樣的認識，在燕窩的消費市場上普遍的程

度，卻十分曖昧。在《本草綱目拾遺》中，我們看到這樣的記載：

> 宦遊筆記，燕窩出南海日本諸國，春間取者色白為上，秋間取者色黃次之。
>
> 粵錄……凡有烏白二色，紅者難得，蓋燕屬火，紅者尤其精液。
>
> 嶺南雜記，紅色者治血痢。（趙學敏 1971: 428-29）

這樣的意見相當程度確立了血燕的地位，成為一項難以動搖的認知。

事實上，在砂勞越燕窩的產地，在生產者、從事收購的中小盤商以及負責加工處理的業者心目中，有商業價值的燕窩只有兩種：即黑燕（窩）與白燕（窩）。學名 *Aerodramus maximus* 的燕子所築的巢稱為黑燕窩（black nest），黑色是指雜有大量羽毛或其他雜質，清理之前看起來黑茸茸的，但是黑燕窩的腳，就是純粹以燕子口涎構成，附著在岩壁的部份，受到岩壁礦物質滲入多寡的影響，可能是白色、黃色或紅色的。黑燕窩在產地的價格，視其中含有的口涎成份多寡而定。特別是色澤泛紅、以及燕窩腳柔軟無法固化的，價格較低（Leh 1993: 15）。另一種學名 *Aerodramus fuciphagus* 的燕子，所築的巢稱為為白燕窩。之所以稱為「白」，是因為參雜的羽毛與雜質較少，絕大部份呈現出口涎本身的色澤。雖然燕窩本身仍然可能因為岩石成份的緣故，出現不一定是純白而是灰黃的色澤，不過一般來說都屬於白燕，價錢都比較高。在產地的這個分類，除了外觀顏色之外，很明顯是依照燕子口涎成份的多寡，以及清理所需的工作量，來決定價格。黑燕的清理勞力成本較高，收穫的口涎較少，價格較低；白燕與此相反，容易或毋需清理，口涎成份高，價格也較高。

但是這樣的產地的品相與價格等級，到了零售商的櫥窗中，就有了很大的變化。在砂勞越首府古晉市的燕窩行裡，37.5g 包裝的燕

窩餅，[11]三家就有不同的標價，其中只有第三家有血燕盞，同樣是
37.5g包裝。除此之外，以下也把網路上的一家經銷商的標價列出，
作爲比較：

古晉市燕窩零售商的標價

貨品類別	零售商一	零售商二	零售商三
血燕盞	無	無	500Rm
血燕餅	200Rm	180Rm	250Rm
黃燕餅	無	無	220Rm
白燕餅	180Rm	200Rm	190Rm

1. 商品皆為每盒37.5公克包裝。
2. 「盞」保持每枚燕窩的原形，清理過程中未經分解。
3. 「餅」係燕窩在清理過程中，經浸水分解為半透明膠質條狀，剔除羽毛及雜質後，
   置入長約7公分的橢圓形模具，乾燥而形成。
4. 價格以馬幣（Rm）計算，1999年9月間，1 USD = 3.8 Rm。

資料來源：1999年田野調查

一處網路經銷商的各類燕窩標價

貨品類別	每兩（tael）美金價格
極品血燕盞	$220
精選血燕盞	$170
極品血燕絲	$118
精選黃燕盞	$188
極品黃燕條	$156
精選黃燕條	$145
極品白燕條	$139
精選白燕條	$128
白燕條	$118

我們看到，在產地的分類中並不存在的血燕，卻出現在零售市場上。血燕的產生相當隱諱，我訪問表中的第三家零售商，老闆避談鮮紅色澤是否是血，只是同意「有人認為是血。但應該是和燕子吃的東西有關。」不過他真正要向我強調的是：「我們的血燕絕對不是染色的，其他人會用顏料將本來不紅的染成鮮紅，我們的絕對是天然的。」在食用方面，「血燕窩要燉比較久，一般白燕窩燉2至3個小時就好了，血燕窩要燉10個小時才好，但是確實比較香。」一則網路上的經銷商廣告，關於血燕的部份是這樣寫的：

> 天然燕窩以帶紅紫色完整無碎者為上品，其鐵質，礦物質等營養素最為豐富。有傳說是小褐燕用唾液築成兩個燕窩後，築成最後一個窩時已筋疲力竭，因而吐出血來，而成了所謂的「紅燕窩」。其實是由於金絲燕的燕種，其聚集地與其吞食的生物，加上風化而來。紫燕血燕因其含有豐富的營養素，故質爽且實，發頭少，不及白燕香爛。產量有限。[12]

這一段文字的特色仍然是語焉不詳，吞食何種生物？燕種有何不同？為何風化而來會「含有豐富的營養素」？都沒有明確的資訊。

從上面兩個小節的討論，我們看到在實證科學的檢視下，燕窩的「營養價值」其實證據相當薄弱。但是至少在華人文化圈中，「科學」的檢證，並沒有發揮（或者被用來作為）摧毀燕窩銷售業的最後一擊的效果。燕窩業者的廣告，甚至因勢利導，對於科學分析化驗的方法與辭彙，採取一種明顯的選擇性的運用。或者明剖秋毫，企圖在不觸法的鋼索上建立燕窩與愛滋病治療的聯繫；或者語焉不詳，對於紅色燕窩的由來匆匆一語帶過。顯然在業者與消費者眼中，精確的科學證據其實並不重要，對於燕窩，業者（以及業者希望消費者接受）的認知典範是（一）確定燕窩的頂尖地位，即使在療效上，也要緊盯當代的最大疾病——愛滋病，（二）維持一種固有的分類體系，包含

色澤的等級，以及傳統文化或漢醫論述中紅色與「血」之間的關聯。在這個分類與認知的基礎上，維持燕窩的卓越價值。

砂勞越的燕窩貿易歷史

早期口述

砂勞越位於婆羅洲西北部，目前屬於馬來西亞的一個州。婆羅洲（Borneo）之名衍生自汶萊（Brunei）。大致從13世紀以來，汶萊在文獻中即被記錄為一個勢力籠罩整個婆羅洲沿岸，且遠及菲律賓、蘇祿海地區的海洋貿易王國。然而自從西班牙人1571年佔領馬尼拉，1578年攻入汶萊彎之後，汶萊蘇丹的實力就開始衰落（Saunders 1994: 21-61）。1777年，蘇祿海一帶的Taosug人開始攻擊汶萊在東北婆羅洲的商船與聚落，到1820年正式將汶萊蘇丹的勢力排出婆羅洲東北部（Warren 1981: 77-78）。雖然失利於東方，但直到西元1842年以前，今天的砂勞越全境，在名義上仍然是汶萊蘇丹的勢力範圍。1842年，英國人James Brooke因為協助敉平砂勞越河流域的「叛亂」，受汶萊蘇丹Omar Ali冊封為砂勞越王，從此Brooke家族便展開超過半個世紀對汶萊最後勢力範圍的鯨吞蠶食，直到1906年在英國政府主導下，確定汶萊目前的主權範圍，才免於被Brooke家族完全兼併。

汶萊雖然是早期南中國海的貿易大國，但不論是《東西洋考》或是大約同一時期（1600）荷蘭海軍上將Olivier van Noort造訪汶萊時所觀察到的出口物產，都沒有提到燕窩（Nicholl 1990: 95）。[13]我們看到Blussé（1991: 326）找到關於東北婆羅洲Sandakan地區（當時已由汶萊勢力範圍轉到蘇祿蘇丹手中）燕窩生產的記錄，來自1849年的一份文獻。無獨有偶的，砂勞越方面燕窩生產見諸文

獻，也差不多指向這個時期。砂勞越主要的燕窩產地有三：第一是西部石隆門（Bau）地區，第二是西北海岸的著名考古遺址所在地石山鎮的尼亞岩洞（Batu Niah），第三則是峇南河（Batang Baram）流域。石隆門地區的 Bidayuh 族人採收燕窩的活動，最早記錄在 Hugh Low（1848[1988]: 316-17）的 Sarawak 一書中。當地出產的燕窩屬於充滿羽毛的黑燕窩，價格較低。

石山（Batu Niah）的燕窩來自著名的尼亞岩洞群（Niah Caves），出產的也是黑燕窩以及黃燕窩。Niah 地區燕窩生產的起源，見於當地的口傳：Niah 地區最早的居民是普落班（Preban）人，後來聚落被洪水摧毀。本南（Penan）人開始由 Beluru 及 Bakongi 一帶遷來 Niah。[14] 其他居住在 Suai 地方的普落班人又開始回到 Niah 地區，建立了一個聚落稱為馬農（Manong）。馬農是一個多族群混居的聚落，遷來的居民除了普落班人外，還有 Segan 人、Bakong 人、汶萊人以及華人。最早的一名華商是 Towkay（頭家）Moh Khim，來自汶萊。

> 最現發現 Subis Cave（尼亞岩洞群的一部份）的是一名本南人名叫 Nyerulang 的。他有一天沿著 Subis 溪用吹箭筒打獵時發現了這個岩洞。Nyerulang 從岩洞中帶了一些燕窩回家，Moh Khim 告訴他這些東西可以吃，也可以外銷。從此開始，許多商人由汶萊及民都魯（Bintulu）來此收購燕窩（Sandin 1958: 659）。

另外一則口傳述說的是：最早時，一群人在 Dudop 的領導下居住在 Suai，後來聚落中充滿糞便，居民於是放棄聚落，散居在森林中，隨後又為疾病侵襲，回到 Suai 居住。恢復聚落生活不久，又發生腹瀉的流行病，居民一部份重回森林居住，一部份遷到 Niah 岩洞中，許多人在那裡喪生。不久又回到 Suai 聚落。Dudop 也死於這次疫

病，Dudop的兒子Murai繼續領導居民，在疫情平息後，往下游遷到Pelalid，就是目前尼亞要塞的位置。

住在Pelalid若干年後，有汶萊的官員前來訊問居民是否願意向汶萊政府購買食物。Murai和他的人民同意如果汶萊政府將食物運來尼亞地區，他們就會購買。達成協議後，官員回去向汶萊蘇丹報告任務成功。於是有食物運來尼亞。由於當時沒有貨幣，本地居民便以籐條、猴棗及燕窩（*kulat dalam batu*[stone mushroom]）進行物物交易。汶萊指派了一名代表，專職管理這項交易。這樣過了15年後，尼亞地區的居民也比較文明了。又過了20年，尼亞地區的交易活動更為繁榮，就在這時，尼亞地區和峇南河地區一起割讓給了砂勞越政府。峇南地區首任的英國民政官是Mr. Charles Hose（上引書: 662）。

雖然口傳的歷史觀與系統化的曆年制有別，但如果用最後這段記憶作為聊勝於無的參考，砂勞越併吞峇南地區的年代是1882年，35年前燕窩開始成為交易品，也就是1840年代中期，這和Sandakan與石隆門開始有燕窩採收與貿易活動的時代相當。此外，由這兩則口傳中可以看出，在人們的記憶中，開始採收與交易燕窩，和不同族群的人民在歷經遷徙與游居之後，在尼亞地區定居下來，有一定的關係；而定居在此地後，糧食生產（或至少是汶萊所能提供的以米為主的糧食）顯然不足，包括燕窩在內的林產品，從一開始就是透過交易換取糧食的主要憑藉。

砂勞越政府與燕窩的管理

雖然峇南及尼亞地區在1882年才正式成為砂勞越的領地，但在1879年，砂勞越政府就已經插手峇南地區的燕窩貿易了。這一年砂勞越

政府將燕窩的出口稅率定為每斤（catty=600g）抽稅$0.10，但是白燕窩則採取按值稅（*ad volarem*）（Sarawak Gazette No. 159: 72）。由於白燕窩只產於峇南河中游，這表示即使在正式兼併峇南地區以前，砂勞越就已經是峇南地區事實上的行政力量了。1901年，砂勞越王Charles Brooke發表命令，強調要儘量保育森林資源，注意燕窩開採的情況，並且由可靠的人進行管理（Sarawak Gazette No. 425: 115）。到了1905年，峇南地區的民政官R. S. Douglas發佈的一份公告中則指出：「峇南、尼亞與Suai三個地區的所有燕窩岩洞都已完成登記，此後在簽訂任何有關這些岩洞的交易文件時，岩洞的所有權人都應該出示登記的證明文件，在沒有出示所有權文件的情況下簽署的任何契約，如有糾紛，其後果當事人自行負責（Sarawak Gazette No. 477: 225）。」1906年，砂勞越政府修改了燕窩的出口稅率：白燕窩每斤$2.00，尼亞出產的黑燕窩每斤抽稅$0.15，其他地區的黑燕窩每斤抽稅$0.25（Sarawak Gazette No. 480: 5）。

1905年的這項規定，立意是在承認各族群習慣法上對於個人所有權的認定。依據習慣法，對於岩洞的所有權是可以繼承的。到了1930年代，峇南地區已經出現燕窩產量下降的趨勢。在當時砂勞越博物館館長，生物學者E. Banks的建議下，政府的態度趨向更積極的干預。1933年峇南地區民政官又頒佈了一項地方單行命令，其要點包括：㈠由民政官規定每年中可以採收燕窩的時期，㈡每一採收期結束後的24小時內，所有採收的燕窩都要集中到Long Lama（峇南河中游）要塞前過磅，㈢區長官（District Officer）應記錄所有買賣方的人名，以及交易的重量與金額，㈣沒有依照上述條款申報的燕窩，為非法燕窩，㈣現任採收權所有權人過世後，此項權利將由政府收回。政府可以指定任何人繼承該權利，但政府會優先考慮死者的合法繼承人及家族成員，㈥所有對於燕窩採收權的質押、租賃、賣青均屬無效，㈦若干罰則（Cranbrook 1984: 164；蔣斌加強）。

值得注意的是，在1905年的命令中，進行的登記是「岩洞的所有權」（owners of the cave or caves in question），但是到了1933年的命令，所使用的觀念成為「採收權的所有人」（holder of collecting rights）。在不觸及不同族群土地或地景所有權習慣法這個燙手山芋的情形下，砂勞越政府試圖保持一定的空間，讓政府可以插手這個高利潤，而又似乎不在各族習慣法規範內的燕窩商品的交易。

到了1940年，砂勞越政府又頒佈了一項全國性的條例，通常被引述為「燕窩條例」（Birds' Nests Ordinance）。這個條例有兩個影響深遠的規定：其一是規定只有土著（非華裔及印度裔）才可以成為燕窩採收權的所有人，其二是規定砂勞越博物館的館長（curator）為燕窩採收、販賣相關規定的主管。此後「燕窩條例」雖然在砂勞越的法令位階及文字脈絡上多次修改，但砂勞越博物館作為主管機關，負責制定相關規定，以及核發採收燕窩的許可證，這個地位一直沒有改變。不過，同樣值得提出的是，在1975年，砂勞越博物館的館長寫了一封信給峇南的區長官，提醒他注意這個條款的存在，並且要求落實執行。顯然在此之前，在執行上有很大的落差。到了1978年，總共發出了78份採收許可（同上書：152）。1990年制定的「野生物保護條例」（Wildlife Protection Ordinance）才將燕窩採收與交易許可的核發權，移交由森林部（The Forest Department）負責。

砂勞越的燕窩貿易歷史

尼亞岩洞群與燕窩採收技術

尼亞岩洞群位於砂勞越北部近海岸Subis石灰岩山塊中，岩洞的總面積達到10.5公頃，包含許多區域及入口，其中最大的是西口（West Mouth），入口處有250公尺寬，60公尺高。西口有人類

生活的遺址，時間大約從40,000年前直到2,000年前。目前被劃歸尼亞國家公園的一部份，但是在管理事權上，遺址部份由砂勞越博物館的尼亞分館負責，燕窩的相關事務由森林部負責，岩洞本身則由國家公園管理處負責。尼亞距離砂勞越北部大城美里（Miri）109公里，可由美里乘巴士抵達石山鎮（Batu Niah），轉乘小船15分鐘抵達國家公園入口，再步行45分鐘即可到達。交通相當便利，附近聚落人口也相當稠密。距離西口最近的聚落，是步行30分鐘即可抵達的伊班族長屋Ruma Chang。

由於在國家公園的範圍內，又是主要的觀光地點與考古遺址，從國家公園入口處，就有完善的木板步道，直達尼亞西口。在抵達西口之前，首先來到一處大約200公尺寬，50公尺深，7至10公尺高的岩洞，稱為「買賣洞」（Trader's Cave）。洞中現在還留存著數10個單位或者相連、或者獨立的干欄式建築的骨架。這些建築都是已經廢棄的住屋。根據口傳及史料，自從尼亞開始有燕窩產業以來，直到1985年為止，這個洞穴是收購燕窩的商人住宿的地方。這些商人不只是來自附近的市鎮的華人頭家，也有來自汶萊的馬來商人。他們在這個洞中用硬木（belian）建築了一批沒有屋頂（在岩洞中不需要），但五臟俱全且有隔間的干欄式臨時住屋。每逢採收季節，就進駐此地。由於這裡是進出尼亞主洞的必經之途，他們就可以直接向採收者收購燕窩。買賣洞中有公用的水源，目前仍然沒有乾涸，但當年有一個公用的大土灶，目前已經不堪使用。據報導人說，每次採收季節時，有2個月的時間，這裡就是一個熙熙攘攘的聚落市集。顯然在當時，這裡是一個賣方的市場，買方需要競爭賣方的青睞。

由買賣洞再沿著步道前進5分鐘，就來到主洞的西口。除了洞穴本身的巨大以及鐘乳石柱的景象懾人心魄之外，令人觸目驚心的就是那些著名的燕窩採收者的道具──筆直高聳的竹竿與木杆了。此外還有撲鼻的鳥糞氣味，根據Medway（1957: 260）的估計，尼亞的燕

群在當時大約達到150萬隻，長年累積的鳥糞，成爲燕窩之外另一項重要的資源。

由於尼亞岩洞內部高度往往超過60公尺，要能夠從洞頂的岩壁及煙囪狀巢穴（chimney）中刮取燕窩，首先必須登高。採收者通常至少兩人一組，一名攀登並負責刮取燕窩者稱爲 tukang julok，另一名負責在地面撿拾被刮落的燕窩者稱爲 tukang pungut。要登高接近洞頂，首先需要用樹立竹桅杆。砍伐稱爲 buloh betong 的巨竹，截成40英尺長，將第一枝立在地上，周圍用藤條拉曳固定於地面。攀爬者爬到頂端後，再將第二枝竹竿拉上去，底部和第一枝的頂端榫接，用藤條向四周地面固定。如此重覆直到高度及於洞頂。其次將 belian 木條曳上竿頂，尋找洞頂岩壁縫隙，將木條兩端插入岩壁，形成一條橫樑。然後將另一條硬木條由橫樑上垂下，木條與木條之間不用捆綁，而是用同樣的硬木做木釘互相榫接。如此將數條硬木相接，垂到接近地面2公尺處。不論是由地面樹立的竹桅杆，或是由洞頂橫樑上榫接垂下的硬木竿，都稱爲 tiang，用途是讓攀登者接近洞頂。差別在於竹竿的壽命只有幾年，硬木的懸竿可以使用數十年不壞。這些 tiang 構造完成後，就被留在現場，方便日後再來採收時，立即可用。

在 tiang 的頂端，攀登者再利用岩壁縫隙架設若干交錯的橫樑，作爲立足之處，然後就可以開始刮燕窩的工作。以往採收燕窩者使用蜂蠟（bee wax）自製的蠟燭作爲照明，現時也有使用一般蠟燭或手電筒的。刮燕窩的工具稱爲 penyulok，通常由輕而乾的竹竿製成，可拆分爲4節，視需要連結成適合的長度，頂端安置一個鐵製的小鏟。攀登的採收者將小鏟自燕窩的下方附著岩壁處向上刮削，就可以讓燕窩脫離岩壁，落到地面後，由 pungut 負責撿拾。有時地面的地形崎嶇，或者正好有深溝，墜落的燕窩可能跌入深溝而無法拾取，就需要在地面另外架設安全網，避免損失燕窩。

由西口開始，再沿著步道深入，開始漸行漸暗，可以在手電筒或微弱的天光下看到更多的 *tiang*，不下二十多枝，有三、四枝的頂端正有人在工作，竿底也都有助手在守候著。同時，在遠離遊客步道兩邊，岩洞深處，黑暗中可以定睛看去，可以辨識出散佈著的微弱油燈火光，有時還傳出吉他伴唱的年輕歌聲，就是守衛的人了。每一個特定的所有權區域，都僱有至少一名守衛。

順著步道迂迴穿過主洞，行約 30 分鐘後，便可由東側走出，再行 30 分鐘，可以到達壁畫洞（Painted Cave）。但是燕窩的生產，只限於主洞。有關尼亞的燕窩採收及燕群生態，Lord Medway (1957) 和 Earl of Cranbrook (1984) 分別有專文發表，但著重點不完全在生產關係，以下將會進行一些比較。

產權、租賃與雇工

尼亞地區最早的居民已經在上一節的口傳資料中提到，不過目前已經無法辨認普落班人，一般都認定普南人（Punan）是尼亞最早的居民。這些普南人定居後住在 Kuala Tangap，但後來改信伊斯蘭教，採取獨立屋的村落而非長屋的居住形態，逐漸在他人眼中以及自稱都成為馬來人，不再自稱普南人，而後更有許多人移居到附近其他的聚落，甚至搬到美里市或 131 公里之外的民都魯市，聚落形同解體。第二次世界大戰之後，當政府要求岩洞的所有權人根據前述的「燕窩條款」進行登記時，他們起初的登記申請遭到當時博物館館長 Tom Harrisson 的拒絕，因為 Harrisson 認為他們為馬來人，並非尼亞地區的原住民。後來他們提出系譜作為證據，證明自己是普南人的後裔，才獲准登記。目前整個岩洞的不同部份，都登記由不同的普南／馬來家族所有。

砂勞越主要燕窩產地尼亞（Batu Niah）岩洞主要入口，可見採集燕窩者搭建的木桿及洞頂的足踏架，右下角房舍為砂勞越博物館的設施。

砂勞越尼亞岩洞燕窩採集的tukang julok（爬桿者）和jaga（守衛者）二人組。

砂勞越尼亞岩洞外的燕窩採集者 tukang julok（爬桿者）。

但是，目前尼亞岩洞群中燕窩採收的實際權利，已經完全由不同的華商，依照所有權區域的大小，以及燕窩產量的多寡，以每年1萬至2萬馬幣[15]的代價，向普南地主承租，通常租期10到15年。然而這些華人頭家自己並不從事採收的工作，真正採收的工作，是由華人頭家雇用的其他族群勞工擔任。由於尼亞交通便利，位置開放，岩洞的範圍又過於廣大，燕窩遭竊情況嚴重。因此雇工除了採收之外，還有守衛的工作。受雇擔任這項工作的人，主要是當地的伊班族與馬來人，但是也有華人頭家表示，樂意雇用非法越境打工的印尼人，以及Bugis人。Bugis是東南亞著名的海上貿易民族以及傭兵，源於蘇拉威西（Sulawesi）南部地方，目前散居東南亞各地，即使生活宗教與一般馬來人無異，但仍以驍勇剽悍聞名，許多從事保鏢與警衛的工作。

砂勞越北部的伊班人，大多是19世紀末年，由東南部移居而來的。距離尼亞岩洞群西口最近的Ruma Chang，是參與燕窩生產工作最密切的一個伊班族長屋聚落。這個長屋的居民大約在50多年前由民都魯遷來此地，當時只有12個門（家戶單位），目前已經發展到70個門，分為兩幢長屋。Ruma Chang的居民，除了少數老弱，幾乎所有的男性都以家戶為單位，受僱於華人頭家，擔任看守及採收燕窩的工作。但是受僱的方式，並不是以整個長屋為單位，而是有不同組合的家戶群，受僱於不同的頭家。以最大的一個工作群來說，包括42個家戶，這42家以3人一班，一天2班輪流看守及採收的工作。按照政府規定，應該是一年採收3次，但實際上目前幾乎每個月頭家都會要求採收不同的區域，一個月沒有收成，頭家就會抱怨。

每次採收的燕窩，由這42家和華人頭家對分，如每收10公斤，由頭家得5公斤，工作群的42家合得5公斤。頭家不另外付給工資。燕窩價錢最好的時期，是在1988年到1990年之間，當時每1公斤可以賣到1,000馬幣，而當時每一次採收，可以到達40公斤左右；目

前的價錢1公斤大約是600馬幣，而產量也在下降，每一次採收平均只能得到15公斤。依照這樣的計算方式，在1988至1990的3年間，每一家每月大約可得400至500馬幣，最高時曾有一個月收入1,000馬幣的記錄。但是目前大約只有每個月80到200馬幣的收入。Ruma Chang的伊班族人從來沒有放棄旱田與澤田（swamp rice）的農作，由於女性不參與燕窩的生產工作，[16] 在燕窩生產高峰時，農作都由女性承擔。而當時家戶主要的現金收入，可以說都來自燕窩，但是現在燕窩收入下降，主要的現金來自油棕與胡椒。胡椒是每家戶種植的經濟作物，油棕則是男性受僱到農場從事的工作。

雖然目前燕窩的收入劇減，但是Ruma Chang的伊班族人，在理財方面可以說是成效卓著。在1992年時，全部長屋進行改建。目前的長屋雖然仍是木構造建築，但外貌整潔，內部寬敞，美輪美奐，和一般長屋因為每戶屋主自行建築自己的單位，形成左鄰右舍不同格調、水準高下不一的情形大不相同。但是，在整齊的外觀之下，也沒有抹煞伊班族固有的個人主義與競爭精神。在Ruma Chang，我首次看到裝設有冷氣的bilek（家戶單位）。報導人也毫不猶豫地指著周遭（包括那台冷氣）說："Birds' nests money"。

1998年4月，在這一年的第一次（正式）採收期開始時，尼亞地區和燕窩產業相關的各族群，聯合在西口舉行了一場安撫岩洞精靈的儀式。這個儀式稱為semah，是屬於普南族的儀式，由居住在Suai的普南族長老Pa' Udek Seman主持。儀式的過程包括念經文以及在木造的祭壇上用雞、雞蛋與米糕獻祭，祈求的對象是具有個人性的精靈，但精靈的名字只有主祭者才知道，是屬於祕密知識的一部份，不會輕易告訴他人。祈求的目的則是要求保護採收燕窩及鳥糞者的安全，並且增加燕窩的產量。在祭儀執行後，3天內是精靈享用祭品的時間，任何人不得進入岩洞，否則會生病無人能治。依照報導人說，上次的祭儀後，有5個人不遵守禁忌進入岩洞偷採燕窩，後來就病死

了。1998年的這次祭儀，聚集了數百名不同族群的人士參加，包括普南、伊班與華人，同時也有信奉伊斯蘭教的馬來人。按照理想，samah應該是年度性的祭儀，但是由於普南人散居各地，老一輩的祭儀人才凋零，無以為繼，因此停辦了許多年。1998年勉強找到Pa'Udek Seman執行祭儀，但他在過去一年中也不幸過世，目前普南族的燕窩所有權人委員會仍然在尋找可以繼續執行祭儀的人選。據說除了執行人選之外，還有一個瓶頸是儀式開銷分擔的問題。上一年的祭儀舉行時，華人頭家也聯合出提供了一些經費，但是普南／馬來人的經費分攤問題，並不平順。在此同時，在當前本土文化及原住民傳統文化的「重振」受到重視的全球化趨勢下，砂勞越各界也頗多呼籲保持傳統祭儀的聲音。目前情況還不明朗。

尼亞的困境

誠如Ruma Chang的伊班族人所體會到的，尼亞的燕窩生產量目前是每下愈況，一個顯而易見的原因，就是普遍的盜採現象。在前往主洞的步道上，除了遊客之外，不時可以和背著背袋，扛著竹竿的燕窩採收者擦身而過。我造訪尼亞的時間是1999年的9月下旬，已經過了「法定」的採收期間。這些燕窩工人之中，有些是受雇的守衛，有些是純粹的盜採者，更有一些是守衛的親戚朋友，但他們都有一個共同點，就是由岩洞出來的人，十之七八都在背袋中裝著少量的燕窩。換言之，監守自盜的情形十分嚴重。據報導人說，守衛或守衛的朋友盜採，多是想賺點零用錢，每次盜採的價值大約在二、三十元馬幣左右。這在表面上，吃虧的當然是華人頭家，但是長遠而言，是標準的殺雞取卵。

其實，嚴重的盜採現象，只是結構問題的表象。尼亞岩洞群由於交通便利，燕群數量曾經十分龐大，但生產的黑燕窩價值較低，在1906年頒佈的稅率中，就是各種燕窩中最低的，純粹以量取勝。同

時，我們就現有的資料來看，也可以發現尼亞燕窩產銷形態的一個變遷趨勢。Medway（1957: 254）稱尼亞的經營形態是企業化與專業化的。但是，在他實地觀察的一次採收行動中，參與的5個「專業」採收者中，2個攀登者都是從小就從事這項工作的普南／馬來人，各自都擁有尼亞岩洞群中5個採收點，其中一人的祖父（並未參與這次採收）擁有兩個主要洞口北面的全部洞頂。另外3人，一位是熟悉洞內環境的65歲老人，一名在學學生，都擔任撿拾的工作。第5名是一個華人，Medway說他「擁有今天要採收位置的權利，他的家族來自尼亞及美里，控制了絕大部份尼亞的燕窩生意。雖然是所有權人，但他對於洞內的環境顯然很不熟悉，甚至不知道哪個部份是屬於他的。」當時的情況顯然是這個華人頭家已經租斷了一部份的區域，再僱請擁有原始所有權的普南／馬來人從事採收的工作。和我在1999年看到的情況相比，我們可以說，華人基本上仍然保持對洞內環境的及採收工作的隔閡，但是普南／馬來的原始所有權人，今天已經散居各地，極少參與採收和守衛的工作，實際的工作，變成由華人再僱請純粹的勞工伊班族或其他族人擔任。資本主義化的程度更為深厚。另一方面，「買賣洞」的沒落，也是一個很好的指標。買賣洞裡中間商暫時性社群的存在，表示當時的燕窩產銷是一個賣方市場。中間商群集生產地，互相競爭，採收者（可能大多數仍是所有權人）可以待價而沽。演變到今天，已經成為賣青的形態。原始所有權人將燕窩採收權租斷給華人頭家，由華人頭家承擔一切風險，燕窩雖然自始就是商品，但在這樣的模式下，已經接近是期貨了（仍然就是commodity）。不過，在這整個趨勢中，擁有原始所有權的普南／馬來人仍然掌握著最後一個重要的生產要件，就是儀式的權利。semah的祭儀必須由他們來執行，而這個祭儀既保護採收者的安全，又著眼於增加燕窩產量。即使已經成為名義上的穆斯林，普南／馬來人仍然義無反顧的居於這個生產儀式的核心。華人頭家憑藉對於海外消費市場的資訊及管道的掌握，可以承擔市場風險作為條件，逐步壟斷本地的產銷，但是燕窩採收上身體的風險，

以及面對虎視眈眈的國際保育團體，燕窩在生態脆弱與敏感性方面的風險，正好可以由普南／馬來人撫慰岩洞精靈的傳統祭儀，來加以承擔。當然，條件是普南／馬來人必須能夠克服目前人才與經費的瓶頸，真正保持這個祭儀的執行，並且搭上本土文化重振的列車，提高這個祭儀在砂勞越國內與國際的姿態（profile）才行。

峇南河流域的燕窩生產模式

峇南河流域的燕窩生產主要在中游，靠近Long Lama市鎮附近的石灰岩洞，所生產的燕窩全部為高市場價值的白燕窩。由砂勞越與汶萊邊界的峇南河口乘坐快艇上行，2個半小時可以抵達峇南河下游的主要市鎮，也是峇南地區長官的公署（District Office）所在的馬魯地（Marudi）。由馬魯地再換快艇上行，將近3個小時，可以抵達規模較小，但同樣是華人商家集中的市鎮Long Lama。由Long Lama僱小艇上行約30分鐘，就可抵達加央族（Kayan）的長屋聚落Sungai Dua。我們以Sungai Dua聚落頭人（tua kampong）家族擁有的岩洞及燕窩生產方式做為例子，和尼亞的情形做一個對比。

Sungai Dua燕窩產銷的歷史

這裡從來沒有汶萊商人前來收購燕窩的記憶，只有在英國（Brooke）政府來後，才有燕窩的買賣。在「燕窩條款」頒佈後，政府在每次採收期後，就在Long Lama舉行公辦的拍賣會，採購商前來競購，生產者也可以交換訊息。拍賣會的用意是防止中間商剝削。拍賣後，個別生產者就會收到政府通知，指定將燕窩送往Long Lama或馬魯地甚至美里的商人手中。但是實行到1970年代，生產者發現採購商有聯合壓價的情形，於是對拍賣喪失信心，紛紛回復私下自尋買主的形態。

根據Sungai Dua其他年長報導人的說法，Kayan族人在華人收購燕窩之前，就會使用燕窩。Kayan語也稱*kulat batu*（stone mushroom）。早年也一樣當作菌類一樣加鹽用水烹煮，作為菜餚，但也發現似乎可以退熱、減輕小孩氣喘症狀。此外，也發現如果將燕窩燒成灰，可以外敷治療皮膚病，例如帶狀皰疹，以及割傷或拔牙後的流血。不過這些都必須用好品質的白燕窩，差的無效。一位報導人肯定的說：「華人是向Kayan族學得燕窩的神奇作用的，不過最初不是作為飲品，現在Kayan族也有人學華人用糖煮水作為茶（*te*）喝，但好像只有頭人家這樣做，因為畢竟是可以賣好價錢的東西。」

Kayan 的社會階層與 Lubang Tuking 岩洞的由來

加央族是一個階層化的社會，由*maren*、*hipuy*、*panyin*及*dipen* 4個階層構成。*maren*與*hipuy*構成儀式上的「上層階級」，*panyin*及*dipen*則是「下層階級」。*panyin*相當於平民，佔人口的三分之二，*dipen*相當於奴隸，通常是過去戰俘的後代。聚落的頭人必定來自*maren*階級，頭人對外代表聚落，負責接待訪客。他們也有較多的機會透過婚姻，進行跨聚落的政治活動，或者獨佔游居本南人提供的林產品，向外換取陶罐、琉璃珠與銅器等奢侈品。其他的聚落居民有義務向*maren*提供勞役，如果在森林中發現新奇物品，例如特別圓的石頭，奇異的地景，無主的珍貴陶罐，都應該獻給*maren*。但是*maren*仍然要和其他人一樣從事糧食的生產工作。

Sungai Dua的頭人所擁有的岩洞，就是早年遷到此地後，村中有平民外出打獵，偶而發現這個岩洞，認為相當奇特，回來後便向全聚落的人宣佈這個發現，村人認為頭人是代表本村的人，有外賓到來也都是由他接待，一致贊成把這個岩洞獻給頭人。由於Kayan人相信岩洞中總是有精靈，有些岩洞中有*lejau danum*（傳說中的老

虎）精靈，或者可以聽到精靈演奏的音樂。因此頭人接受後，就請村中的專職祭師 *dayung* 率領頭人家人前往舉行稱爲 *liuk* 的儀式。先由 *dayung* 和岩洞中的精靈溝通，認識他的名字，然後殺豬，並以雞蛋放在粗竹祭竿上獻祭（稱爲napo'）。此後並不定期舉行 *liuk* 儀式，如果燕窩生產少了，就再去進行liuk，或者只用雞蛋napo'，但無論何種形式，都仍然要祭師執行，因爲只有他知道如何與精靈溝通，這樣的工作是有酬勞的。除此之外，目前要登高採收燕窩之前，個人也會進行基督教的禱告，保佑平安。

在發現Lubang Tuking岩洞，由平民獻給頭人之後，又有人陸續發現了一些岩洞，就由發現者所有，不再獻給頭人了。目前Sungai Dua擁有燕洞的有10家人，但除了頭人的岩洞有能力投資，維護、管理得較好，每年保持高收益之外，其他的岩洞都沒有照顧，被盜採的情形相當嚴重，沒有什麼收益可言。

Lubang Tuking 岩洞與燕窩生產

Sungai Dua的頭人所擁有的岩洞，位於距離村落上游約20分鐘快艇水程，峇南河支流Sungai Kegin的再分支Sungai Tugang上。水位高時，小船可以直達Sungai Tugang岩洞之前，水位低時，就必須停泊在Sungai Kegin，再步行大約15分鐘，涉過Sungai Tugang，才能到達岩洞。岩洞的名稱是Lubang Tuking。當代頭人的父親在岩洞口大約30公尺處，建了兩幢雙層樓的房屋，一幢較老是木造的，較新的一幢是水泥與磚造的，都作爲看守石洞以及儲存物料的用途，在採集燕窩的季節，工作者往往就住在這裡。季節之外，家人也偶而把這裡當作別墅。房舍周圍放置著一些備用或建造中的小船，在一處窄長的棚架底下，則放置著一些正在加工採燕窩專用的長竹竿與木梯，這是與一般聚落住家周圍最大的不同處。

砂勞越峇南河中游 Kebyah 族貴族自有山洞入口處，架設木柵欄作為保全。

砂勞越峇南河中游Kebyah族貴族自有山洞，洞口有小屋供員工住宿並防守。

砂勞越峇南河中游Kebyah族貴族自有山洞洞口堆放的建材，準備加強山洞保全。

這家目前雇了2名看管工，都是從印尼加里曼丹來的同族人，和本村人多少連得上親戚關係，砂勞越人通常稱加里曼丹來的人爲"from the other side"，即使是同族或有親戚關係也一樣。這2名雇工其中一名來的時間較早，並且已經和當地的女子結婚，工資較高，大約一個月700馬幣；另一名最近才越界過來找工作，雖然也攀得上親戚關係，一個月的工資只有500馬幣，而且伙食自理，他對這樣的待遇，稍有不平。這兩名雇工以2至3天爲一班，輪流看守石洞。不當班的人就回到Sungai Dua村裡居住。他們除了守衛防竊之外，採收季節時也參與採收的任務，不過採收時，其他的家人也會參加。在這個地區，雖然有Kayan頭人與特定本南人（Penan）結盟，建立稱爲*sebilat*的關係，本南人專將林產品售予固定的頭人，頭人則提供本南人短期食宿以及進口民生必需品。但是在燕窩採收上，從來不用本南人爲雇工。

Lubang Tuking 不僅有專任的守衛，舒適的房舍，而且養了七、八隻狗，守在通往石洞必經的小橋上，看到陌生人就會機伶的吠嚷，來人如果回頭逃跑，牠們還會追擊。石洞入口，更有上鎖的木柵門。這個石洞中仍有地下溪流通過，通過第一道木柵門後，前行大約25公尺的距離內，洞高3至5公尺，水深過膝，雖然漸趨幽暗，但仍有微光。在這個範圍內，只有學名*Aerodramus vanikorensis*的燕子築巢，所築的燕窩只有少量的唾涎，夾雜大量的草葉，Kayan語稱之爲lumut，沒有市場價值。25公尺之後，遇到第二道柵門，這道柵門是鐵欄杆構成，比第一道門更爲堅固嚴密。由於採收期已過，主人無意讓外人入內干擾燕群繁殖活動，我也沒有強求。但主人告知第二道柵門內前行還有大約20分鐘的距離，最高處大約有10公尺多，在採收時也需要用到竹梯，但完全沒有需要構築像尼亞那樣的高桅杆，而採收所用的*penyulok*也短得多。

目前主人謹守休息40天、分3區輪流收穫的原則。白燕窩的價錢目前大約每公斤6,000至8,000馬幣，每一次採收，大約可以收入15,000馬幣，由兄弟姊妹5人平分。根據主人的說法，這些年來產量一直維持穩定，沒有下降的趨勢。採收之後，便用自己的船載到Long Lama去賣。通常砂勞越的長屋居民，不論哪一個族群，在前往市鎮貿易或採購時，喜好在沿途聚落以及目的地的市鎮，尋求特殊的結盟關係。例如在鎮上和一家華人頭家建立密切的關係，每次的林產物都賣給他，而這個頭家每次都會免費提供房間與爐灶，讓長屋居民打尖過夜。Sungai Dua的頭人家也有這樣的華人店家盟友，但是在燕窩的買賣上，就不利用這層關係，只是載到Long Lama，自由訪價，擇優出售。

砂勞越峇南河中游Kebyah族貴族自有山洞，進入木柵欄後內洞還有第二層鋼鐵柵欄。

砂勞越峇南河中游 Kebyah 族貴族自有山洞，進入內洞前的第二層鋼鐵柵欄及鐵絲網。

印尼坤甸市燕窩商收購燕窩後，
僱請女工分解去除羽毛等雜質。

印尼坤甸市燕窩商
收購的燕窩原貌。

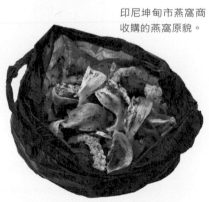

印尼坤甸市燕窩商收購的燕窩與準備分解後重組的塑膠模具。

印尼坤甸市燕窩商收購燕窩後準備分解重組使用的塑膠模具。

印尼坤甸市燕窩商收購的燕窩經分解後尚未重組的樣貌。

印尼坤甸市燕窩商收購的燕窩經分解及模具重組後準備出售的樣貌。

結語

就目前有的資料來看，砂勞越的燕窩產銷，在東南亞地區中，算是開始得比較晚的。汶萊蘇丹對於砂勞越境內的燕窩產地，抱持怎樣的看法，不得而知。對 Brooke 家族的砂勞越政府來說，他們一開始就積極地企圖介入或規範燕窩的生產買賣。這主要是被燕窩的高利潤吸引，藉此增加國家財政收入。在這點上，和東南亞其他政權的動機相當類似。但是，我們也看到，由於起步得晚，砂勞越政府很早就注意到保育的重要性，同時也因為華人頭家的勢力自始就深入燕窩的產銷，因此政府也制定過峇南河的燕窩拍賣，避免土著生產者吃虧。這兩點，是與 Blussé 例子裡的當地蘇丹或者荷蘭東印度公司以及占城的王朝，都不太一樣的。

但是，砂勞越政府一切的善意，都因為地廣人稀，行政部門的執行人力資源不足，以及華人的無孔不入，打了很大的折扣。不只是1975年博物館的館長需要寫信給地方官員，要求登記與管制工作的落實。時至今日，登記工作可以算是收效，但在保育採收的規律管理，以及價格的監控上，可以說是完全處於無政府狀態。

在這種情形下，尼亞和峇南河的生產情形，就呈現出很大的不同。在尼亞，岩洞的採收權登記給普南族的原住民，由於這個聚落普南人的遷徙及改宗，使得華人勢力介入較深，過去10年中，更以承包壟斷的方式，將燕窩由賣方市場的商品，轉變成可以投資預期，但也必須承擔風險的類似期貨的東西。但也由於這樣的層層轉包，造成監守自盜的情形。進一步導致整體產量的下降。雖然在1988到1991年間，參與的各個族群都有獲利，但好時光不再。各個相關的族群共同面臨危機。不過，另一方面，也由於尼亞的特殊環境與背景，作為國家公園、著名燕窩產地而受到國際矚目，使得舉行安撫岩洞精靈的 semah 儀式，成為參與燕窩生產的各個族群，合作分擔

不同層面風險的機制，也成為透過燕窩的生產，促進社群生產與再生產的契機。

峇南河的情形，表面上看起來是表現出典型私有企業的優勢，一方面由於白燕窩價格高，值得投資，另一方面由於岩洞的大小適於管理、傳統階層社會導致個別家族擁有岩洞所有權，使得有能力的人，可以用心經營，注重保育防盜，以及傳統安撫精靈祭儀的持續執行。但是，這樣也加大了同一聚落內的貧富差距。我目前並沒有足夠的資料，說明岩洞所有權人家族是否將一部份的收益投入到社群的發展上，但是可以看出來的是：燕窩的收益產生了社群內的不平等關係。

回到對於華商壟斷燕窩貿易的問題。由燕窩貿易網絡的例子，我們看到環南中國海區域體系的整合中的一個特性，就是生產與消費兩端在資訊上的隔絕。這種隔絕，由中間商透過貨幣價值來溝通，透過對於生產者與消費者對同一物品分類與價值系統差異的掌握與操弄，利潤也得以在這個空間中產生。即使在這個號稱資訊的時代，經銷商可以透過網路銷售燕窩，但這並不表示已經達到高度的資訊分享。就燕窩的消費活動而言，我們看到的是許多在資訊科技的外貌下，操弄知識訊息使之無法充分流通的情形。Appadurai (1986: 42) 曾經指出，追求正確的資訊，是商品交換體系的核心，而相關資訊的不易獲得，以及資訊間的落差，則是市集（bazaar）交易的特性：

> 在前資本主義（precapitalist）的環境中……如何將外界的需求傳譯給在地的生產者，正是貿易商與他代理人的行當，這些人在許多彼此間極少直接接觸互動的生活世界與知識領域之間，搭起價格的橋樑，並且解決實際收購運銷的問題。因此可以合理的推斷，傳統婆羅洲熱帶雨林裡的居民，不會怎麼清楚他們賣給中間商的那些燕窩，在中國的醫藥與飲食習

慣中，扮演者著什麼樣的角色。在生產者與消費者之間存在著巨大知識上的鴻溝，商賈則跨越並銜接這些鴻溝，這可以說是歷史上絕大多數商品流通的典範，迄今仍然。

……

與知識、資訊「外行」（ignorance）相關的問題，自然不限於商品過程中的生產與消費兩極，而是流通與交換過程本身的重要特性。在對於摩洛哥市集絕佳的文化分析中，Clifford Geertz (1979)指出：市集制度的核心，其實正是在於可靠資訊的搜尋。市集的文化形式與制度結構，有一大部分其實類似一把雙刃的刀，使得要在市集中獲得可靠的資訊，有時困難重重，有時又得來全不費功夫。……更通盤來說，可能所有貨物品質與其合理價格缺乏標準化的交換情境中，都普遍具有這種市集式資訊搜尋的特性，只不過造成缺乏標準化、價格反覆無常以及特定類型貨物品質不可靠的原因，可能南轅北轍。[17]

在這層意義上，我們可以說燕窩的市場至今仍然類似一個圍繞著南中國海舉行的市集。保持有關燕窩資訊中間的斷層，其實相當程度的維持了燕窩價格的穩定。華人頭家也因為這層掌控能力，才有實力敢於在尼亞建立承包的體制，承擔價格的風險。對於燕窩貿易的壟斷，這一層資訊的掌握、操弄、分享與不分享，實在也是一個重要的因素。

註

1 因為，西方的擴張與殖民，往往才是將原本多族群自由貿易的東南亞傳統海洋貿易形態，改變為獨家壟斷的根本原因。

2 原文是："Trade of Swiflet nests began in China during the T'ang Dynasty（A.D. 618-907）. China is the prime consumer of a soup made from these nests（bird's nest soup）, which is considered the "caviar of the East" until a policy of austerity under communist rule discouraged such extravagance. Recent relaxation of controls in the PRC has led to a surge in demand for Bird's Nest Soup."（http://www.american. edu/projects/mandala/TED/SWIFT.htm）

3 除了考古遺留物的證據之外，Harrisson 也在文中說："Ancient Chinese records dating back to the T'ang Dynasty mention Edible Birds-nest as one of the important and high-priced trade goods imported to China from overseas."（p.609）但完全沒有說明她根據的史料是甚麼。而由陶瓷片並存作為證據，證據力當然也相當薄弱。因為即便是可以確證為唐代風格或者唐代生產的陶瓷器，其傳入砂勞越的年代，很有可能遠遠晚於唐代。此外，除非是對於出土層位本身有更準確的年代斷定，否則僅僅與貿易輸入的唐代陶瓷片伴隨出土，完全無法得出刮燕窩的小鏟屬於唐代的結論。

4 但即使是1932年出版，由北平協和醫學院藥學系的 Bernard E. Read 編撰的 Chinese Materia Medica 中 Avian Drugs 仍然認為："This is …… made out of certain species of Gelidium and other seaweeds."

5 原文是："As for the strengthening and stimulating effects of the drug, the Pen-ts'ao kang-mu shih-i mentions next to its aphrodisiac qualities a dozen different applications such as dissolving phlegm and curing gastric trouble."

6 這點在砂勞越的田野調查中，無法獲得證實。在 Niah 那樣超過百公尺高的大岩洞中，在報導人記憶所及的20年裡，只有二次有採收者自竿頂墜落地面，一次造成死亡。為美食的消費市場造成生產過程中人命的損失，當然都不能豁免道德的責難，但是誇大其中的致命程度，對於專業燕窩採收者引以自豪的膽識與技術，也不盡公平。

7 試舉三例，代表三個完全不同的時代與世代的餽贈行為，但同樣都選擇燕窩作為「厚禮」的樣板：
第一則是清末士人胡傳（1841-1885），在他的《臺灣日記與稟啟》光緒21年11月日記道：「擬發行李；因天陰竟日未畢。作書致葉玉田、譚桂林各一；作書並以番草蓆二條、燕窩二匣寄蘇州吳培卿世伯轉寄關外送吳清卿師。」
第二則是網頁刊載的20世紀90年代臺灣流行歌手蘇慧倫的歌迷日記：「……後來哩媽媽還讓我帶了『冰糖』燕窩去給慧倫！（因為媽媽給錢叫我幫她買票……）」
第三則是1997年，中華民國駐美代表胡志強致贈蔣宋美齡女士一盒燕窩作為生日禮物。這件事後來引起相當的爭議，環保及野生動物保護人士認為有損國家形象。

8 伊永文（1997）列舉的有：燕窩攢絲餛飩、燕窩雞絲餛飩、燕窩三鮮麵、燕窩肥雞絲、燕窩炒鴨絲、燕窩冬筍鍋燒雞、燕窩白鴨絲、燕窩冬筍鍋燒鴨子、燕窩冬筍燒雞、燕窩冬筍白鴨子、燕窩口蘑鍋燒鴨子、燕窩火燻肥雞、燕窩鍋燒鴨絲、燕窩燴鴨子、燕窩鴨腰鍋燒鴨子、燕窩鍋燒鴨子、燕窩口蘑肥雞、燕窩冬筍白鴨絲、燕窩口蘑掰鴨子、燕窩冬筍鍋燒鴨絲、燕窩炒攢絲、燕窩冬筍肥雞、炒燕窩、雞絲燕窩湯、燕窩紅白鴨子三鮮湯、燕窩冬筍鍋燒雞子湯、燕窩八仙湯、燕窩鴨羹、燕窩攢絲湯、燕窩三鮮湯、燕窩紅白鴨子南鮮熱鍋、燕窩燴五香鴨子熱鍋、燕窩掛爐鴨子掛爐肉野意熱鍋、燕窩口蘑火燻掰鴨子熱鍋、燕窩冬筍鍋燒雞、燕窩鍋燒鴨子熱鍋、燕窩攢絲熱鍋、燕窩口蘑鍋燒鴨子、燕窩鍋燒鴨絲、燕窩野意熱鍋、燕窩八仙熱鍋、燕窩燴鴨子熱鍋、燕窩鍋燒鴨子燙膳、燕窩鴨羹熱鍋、燕窩蓮子鴨子熱鍋。

9 即使在今天，大眾認知中食用燕窩的方法，仍然不外冰糖燕窩與用來燉雞湯。

10 這段文字引自《本草綱目拾遺》，但是卻不見於《本草從新》。作者參考的是臺北文化圖書公司印行，嚴星橋重校的增註本。然而，即使有這個考證上的問題，並不影響本文主要的論點，就

是中醫知識系統本身內部的多元與歧異。考證的問題，謹此存疑且就教於先進。在此並感謝中央研究院近代史研究所的黃嘉謨先生的指正。

11　即清理後燕窩因泡水分離成為半透明的條狀，再放入約2寸長橢圓形的模子中，製成燕窩餅。沒有經過分解，保持原來形狀的稱為燕盞，清理去毛後仍能保持燕盞形狀的，通常表示所含羽絨毛較少，價格也就比較高。

12　http://www.healthynest.com/info01.htm。參閱日期2013/5/8。

13　但是Olivier van Noort的隨員卻記錄了大量的猴棗或箭豬棗（bezoar stones），以及活躍的華商。

14　早期文獻常將峇南河下游及海岸地區的游居民族，與中、上游的游居民族共同歸為Penan。但晚期的文獻往往將下游海岸放棄游居生活形態，改信伊斯蘭教且定居的民族稱為Punan（普男人）。這裡引用的文獻仍然稱他們為Penan。

15　1999年的匯率，3.74馬幣（Rm）等於1美元。

16　依照報導人的說法：女人不到岩洞裡去，沒有什麼迷信禁忌，只是因為太辛苦了。1998年舉行安撫岩洞精靈semah祭儀時，全長屋男女老幼都參加。

17　原文是："In precapitalist contexts, ……the translation of external demands to local procducers is the province of the trader and his agents, who provide logistical and price bridges between worlds of knowledge that may have minimal direct contact. Thus it is reasonably certain that traditional Borneo forest dwellers had relatively little idea of the uses to which the birds' nests they sold to intermediaries have played in Chinese medical and culinary practice. This paradigm of merchant bridges across large gaps in knowledge between producer an consumer characterizes the movement of most commodities throughout history, up to the present. ……
Problems involving knowledge, information, and ignorance are not restricted to the production and consumption poles of the careers of commodities, but characterize the process of circulation and exchange itself. In a powerful cultural account of the Moroccan bazaar, Clifford Geertz has placed the search for reliable information at the heart of this institution ……（Geertz 1979）. Much of the institutional structure and cultural form of the bazaar is double-edged, making reliable knowledge hard to get and also facilitating the search for it. …… [To put it] in a more general form: bazaar style information searches are likely to characterize any exchange setting where the quality and the appropriate valuation of goods are not standardized, though the reasons for the lack of standardization, for the volatility of prices, and for the unreliable quality of specific things of a certain type may vary enormously."

附錄 1

Birds' Nests: Sarawak All Cure

by Chu Chin Onn (THE SARAWAK GAZETTE, OCTOBER 31, 1964)

Birds' nests are highly nourishing and healthy. They suit all persons -- sick or healthy, old or young. They possess substances good for all human organs. They contain *no* ill effects.

A preparation cooked with chicken is best for pleasure eating and entertaining. If steamed with *ginseng* (a kind of stimulating root) then it is strengthening to the lungs and the respiratory system generally.

Persons who suffer from weak lungs or stamina weakness (not T. B.) should take birds' nests soup steamed with *ginseng*. For strengthening health purposes, birds' nests soup should be best taken at bed-time. It is traditional that a person who awakes from sleeping has the lung cartilage ring-tubes open and can be nourished by the bird's nest soup, taken in. This also applies to a person lying *down* to take the soup, which will not then low direct to the stomach, but remains in the upper part of the body organs and gradually *moistens and warms* the respiratory system, leading to the lungs. Thence it will flow down-ward to other passage ways of the body, with health-giving effect.

Birds' nests steamed with the swim-bladder of a good fish, -- the stronger the fish, the better the bladder -- provide a good cough cure.

The best way to prepare birds' nests, with *ginseng* and fish swim air-bladder is to steam it all up until soup becomes jelly-like, then take at bed-time. This is perfect to nourish bodily organs -- refreshing, lively and energetic!

Recipes for Preparation, and Special Role of the Young

To steam birds' nest it is far more beneficial to use earthen cooking and steaming utensils. These produce vapour more effective than metallic ones. But do *not* use iron.

Earthen utensils can contain warmness longer. Besides, they concentrate a volume of heat which is more effective in vapour. Metallic utensils possess sharper heating, so cause evaporation to disperse quickly. Even to the present day, people prefer to use earthen pots and charcoal or a good fire-wood or steaming nourishing products -- rather than to use metallic pots, gas-stoves, and quick stuff.

It is logical that the person who wishes to take birds' nests, he himself should not do the work -- cleaning, picking, etc., for this is a tedious job, which requires time, concentration and energy; and also this work is liable to exhaust health, breath and energy which may be absorbed and *radiate to the birds*' *nests*, so that he takes away his own energetic health instead!

In olden days persons were exceptional and cunning. They used to engage healthy young and *unmarried* person to do the job and to prepare the steaming at a quicker pace, as special preparation for health sake. Quicker pace saves a lot of time, avoids the birds' nests remaining (dipped) in water to soak away the good properties. Healthy young persons possess stronger health, energetic heat and breath. These can warm the birds' nests through contact of body heat, circulating around the working area at the time of concentration when the young clean and pick the nests, which can then absorb the healthy heat and energetic process from them, the young.

The Various Sports

Many persons may think that these nest swiftlets take water bubbles. They form the edible nest from saliva, which is clear. The nests formed are clear in pure substances. Their clean organs consumed clean bubbles, cooling with pure effect. Therefore there are nests suited to all healths.

The House Swifts may be the same family but they do not produce edible nests at all. Their opening in the tail is longer and deeper cut, -- like a V upside down ∧. People believe they are lucky creatures, which bring signs of good prosperity. Older people like very much to have them nesting in their houses, rightly.

In Gambier Road, Kuching, hundreds or thousands of them get on electric wires. They have been there for then years or even longer, never moved away. They do not mind. That is why people say the Gambier Road is good for business and flourishing. These House Swifts were formally called in Chinese, "Holy lady Birds" (*KON-YIM YEN*), KON-YIM=Holy lady; YEN=Swifts. No body can tame them. They wish to be free-living and moving. The type that build edible birds' nest love to live in deep mystery -- in places, quiet, dark, and cooling, in caves, like at Bau and Niah, not Gambier Road.

「張」長屋（Rumah Chang）

一個砂勞越伊班族的長屋社群、歷史與區域貿易關係初探 [1]

06

前言

這篇論文探討一個砂勞越伊班族的長屋社群與區域貿易體系之間互爲脈絡的辯證發展關係。由「張」長屋（Rumah Chang）核心家戶群以往發展、分裂、重組、遷移與命名的過程，我們可以看出：雖然在當代的文化展演中，長屋的集體生活成爲伊班族引以傲人的文化表徵，但是在伊班族固有以「事」、「地」（河流流域）、「人」（個別英雄）爲核心交織構成的歷史記憶中，長屋社群本身並不是一個穩定的記憶機制。然而這樣的一個特性，隨著國家的定居政策，以及「張」長屋這個地方社群（local community）與區域貿易體系之間的連結關係（articulation）而有所改變。透過圍繞著燕窩生產活動而累積的財富，「張」長屋的伊班族賦予長屋建築新的意義，實踐了地方社群的生產與再生產。

地域化的社群，曾經是社會文化人類學研究最重要的基礎，它可以說是「田野」的原型（proto-type）。任何一份值得正視的研究，都由研究者進駐一個地域化的社群開始，蒐集這個地域化社群的民族誌資料，藉以掌握及描述人們在這個社群中的存在狀況。任何泛文化或普同性理論的討論，如果沒有這樣的地域化社群研究作爲基礎，就很有可能淪爲臆想。人類學者們對早期所謂"armchair anthropologist"的失策（甚至視爲道德上的傲慢），都耳熟能詳並且引以爲戒。但是，就理論的意義而言，「社群」並不必然是地域化的。雖然人類學田野方法的要求，使得地域化的社群（而且是「小」社群）就可行性而言成爲上選。但是在社會學與人類學共同的學科發展史上，社群做爲方法論的核心，也是學科得以成立的基礎，其意義遠遠超過時空限制下「可行性」的考慮。社會學者 Robert Nisbet（1967）認爲：相對於理性主義時期賦予「契約」（contract）核心的地位，「社群」（community）可以說是19世紀社會思想發展上最重要的概念，也是現代社會學得以建立的5個核心觀念（unit-ideas）

之首。[2]Nisbet（同上引：47-48）指出，他所說的社群：

> 絕不僅是地域化的社群。以我們在19、20世紀思潮中所看到的，這個詞含蓋所有具備高度個人親密性、感情深度、道德許諾、社會凝眾性以及時間延續性的社會關係形式。……社群是感覺與思想（feeling and thought）、傳統與許諾（tradition and commitment）、身分與意志（membership and volition）的融合。地域、宗教、國族、種族、職業或聖戰之中，都可以找到社群的存在，或者說這些都是社群的象徵表現。

但是，社群除了做爲經驗研究或類型學研究的對象之外，最重要的是涂爾幹以之作爲方法論的核心。在對於人類行爲理性基礎的檢討上，涂爾幹以外在於個人的「集體」作爲一切解釋的源頭。這個「集體」一般認爲就是「社會」，然而在涂爾幹的想法中：

> 社會（society）這個詞真正的根源應該在於"communitas"而非"societas"。社會除非有所行動，否則其影響力無從感受；而除非構成社會的個人集結並共同行動，否則社會亦無從行動。（同上引：83）

「集結並共同行動」最典型的指涉當然是集體儀式，但是它背後涉及的社會關係，基本上就是所謂的「面對面」（face to face）的關係。存在於特定空間範圍裡的地域化社群，讓人類學者得以在一個有時間延續性的團體中，在日常以及儀式的情境中參與觀察具有個人親密性與感情深度的一群人，其集體行動的力量，以及集體對於個人行爲、認知與感情的形塑與界定作用。

田野時空可行性的實際限制，方法論的立足點，加上相當程度以結構功能理論做爲靠山，地域化社群以及我們假定它所負載的自成一

格的文化體系，就成爲人類學者蒐集經驗材料、描述社會生活、解決各類社會文化理論議題的操作場所。許多檢討方法論的著作指控人類學者都天眞地認爲這些（小規模）的地域化社群經常是「不知有漢，無論魏晉」，互古不變，未免流於無的放矢。畢竟早在1950年代，Robert Redfield (1955)就清楚的提出「社群中的社群」（community in communities）的觀念。如果人類學者仍然偏好在小型地域化社群中進行不同議題的研究，以建立體系性知識爲目標，這毋寧是理論傾向使然，而不是什麼天眞的桃花源想像。

世界體系理論的提出與全球化的進程，固然很容易被視爲社會文化變遷過程的體現，引導研究者關心小型地域化社群所面臨的新局與挑戰。但是，誠如Arjun Appardurai (1995: 208-209)所說：

> 鄰里（neighbourhoods）[3]的產生一向都具有特定的歷史背景，因此都是脈絡化的。也就是說，先天上鄰里之所以爲鄰里，就是因爲它們有做爲對照的其他事物，在和其他已經存在的鄰里對照中，得以產生……鄰里既然一定是在某種（社會的、物質的、環境的）背景中被生產與想像，他們也就一定需要脈絡同時也生產脈絡，只有在脈絡中，它們本身的可知性（intelligibility）才得以成形。鄰里具有的這層生產脈絡（context-generative）的面向，至爲重要，因爲它提供了一個新的理論角度，讓我們探討在地現實與全球現實之間的關係。

這也就是說，社群要具有意義，不論是就外在還是成員內在的觀點而言都需要脈絡。這個脈絡是由其他類似或不類似的社群，或者更大的單位或體系所構成。唯有在這個包含己與異己的脈絡中，社群才得以被認知或被想像。另一方面也只有在這個包含己身社群的脈絡中，他者以及更大的區域或全球體系才有意義。

東南亞早期海洋貿易與地方社群形成關係的研究，對於歐洲霸權興起之前，區域性世界體系的形成、運作情形，做了清楚的刻劃（例如 Ab-Lughod 1989；Hall 1985; Reid 1988, 1993; Wolters 1982）。由這些研究中我們瞭解，東南亞地方社群與區域體系（或者區域性的全球體系）之間互爲脈絡，互相構成的辯證關係，早在歐洲商業勢力到來或者北美核心形成之前，就已經蓬勃地展開。荷蘭萊登學派（Leiden School）學者對於島嶼東南亞區域特性的探討，很早就提出了「對外來文化影響的韌性」做爲所謂的「結構核心」之一（Josselin de Jong 1984: 2）。歷史學者 O. W. Wolters (1982) 也認爲，對於外來文化的影響賦予在地的詮釋，重新提出成爲本土的文化宣言，正是東南亞歷史的主要特色之一。以下，本文就透過對「張」長屋[4]這個砂勞越伊班族長屋社群發展歷史的探討，來呈現這個地域化社群與區域體系之間互爲脈絡的辯證關係。

伊班族在砂勞越遷徙的歷史背景

砂勞越位於婆羅洲西北部。大致從13世紀以來，隨著汶萊蘇丹的冒起，而將這個地區納入勢力範圍。1830 年代，砂勞越東南一帶的部族領袖反抗汶萊蘇丹的統治，當時造訪的英國人 James Brooke 受蘇丹之託平定「叛亂」，1841 年受封爲王（The White Rajah），最初汶萊蘇丹授與布洛克的領土僅限於東南一帶，其後布洛克家族逐步鯨吞蠶食，而汶萊蘇丹勢力日益衰退。到了 20 世紀初，布洛克家族的統治範圍已經涵蓋了現今砂勞越的全部疆域。第二次世界大戰期間，由1941年12月到1945年8月，日本部隊佔領並控制砂勞越大部份沿海地區。戰後布洛克家族自忖無力承擔艱鉅的復員工作，於1946年7月將政權讓渡予英國政府，砂勞越成爲英國的殖民地。1963年馬來西亞成立，砂勞越加入成爲聯邦中的一個州。

砂勞越的土地面積有124,967平方公里，人口依據1999年的統計約202萬。[5]在整體的族群組成上，砂勞越表現出島嶼東南亞一個常見的形態：說南島語的土著族群大致分爲兩大類，原居海岸的族群受到伊斯蘭教的洗禮，形成語言文化上趨於同一的「馬來人」（Malay or Melayu）；內陸未伊斯蘭化的族群，少數保持以精靈信仰爲主的傳統宗教，大多數在20世紀中改宗爲基督徒，這些族群泛稱爲「達雅族」（Dayak）。除了土著族群外，移入的族群主要包括華人與印度人。伊班族（the Iban）屬於廣義Dayak中的一群，人口占砂勞越總人口大約30%，估計爲606,000多人。不只是「達雅」中的最大族群，也是整個砂勞越境內的最大族群。

雖然絕大多數的達雅族群在傳統上都是以山田燒墾爲主要的生計活動，並且以長屋（longhouse or *rumah panjai*）[6]爲基本聚落形態，但是伊班族基於游耕而產生較其他族群爲高的機動性與旺盛的擴張性，向來受到學者的注意（例如Sandin 1967; Vayada 1969; Padoch1978）。不只是伊班族遷移與擴散的歷史本身成爲重要的研究課題，這種頻繁的遷移也被視爲伊班族長屋聚落不論是在建築方式還是社會組織方面，與其他族群長屋聚落明顯不同的重要原因。相較於其他居住長屋的族群，「傳統上」伊班族的長屋除主要樑柱使用硬木外，其餘部份以竹材爲主，耐久性較弱而機動性較強。在長屋的聚落組織上，則表現出高度的平權與流動性，遷移、分裂、重組十分頻繁。

依據口傳，目前砂勞越境內的伊班族（早期文獻中稱之爲Sea Dyak）來自婆羅洲中部（現印尼所屬的加里曼丹）的Kapuas河流域。伊班族學者Benedict Sandin (1967: 28)蒐集砂勞越第二省伊班族的系譜資料，發現在口傳中，移居砂勞越之後的系譜已有15代之長，從而推論這個移居的行動大約在18世紀初年已經完成。他們經由坤幫河谷（Kumpang Valley）進入砂勞越，在現在第二省（Second

Division）的Lupar、Skrang、Ai、Saribas等河流域展開殖民，排擠或吸收了原來零星分布在這個區域內以狩獵採集為生的Punan、Bukitan與Seru等族群。由這個廣大的區域中，一部份的伊班族向西南移入目前第一省（First Division）的範圍，另外一部份大約在18、19世紀之交時抵達了拉讓江（Btg. Rejang）三角洲的外緣，由19世紀初葉開始向上游擴張，雖然在這個過程中受到這個地區定居的Kanowit、Tanjong、Kayan、Kajang以及游獵的Ukit與Bukitan等族群的抵抗，但是到了19世紀中期，布洛克政府開始利用歸順的伊班族人做為傭兵，一方面「平定」了整個拉讓江流域，也讓伊班族移居到中游以上的地區。20世紀初，在政府各種限制與不鼓勵的政策下，包括第二省與拉讓江（第三省）的伊班族，仍然展開了向東北方第四與第五省的擴張，形成了今日伊班族分布砂勞越全境的局面（Jensen 1974: 18-22）。但是，在當前土地登記制度、獎勵定耕與不鼓勵遷徙的政策下，伊班族昔日的機動與擴張性，除了在個人生涯的層次上仍然相當突顯之外，就長屋聚落的層次而言，已經不復存在了。

伊班族的長屋社群意象與個人主義

伊班族的長屋社會，自從19世紀中葉以來，就受到廣泛的報導。早期文獻對於「全村數百男女老少共同居住在一個屋頂下」過著集體社會生活的印象，透過20世紀中期以來較翔實的民族誌研究（例如Freeman 1992; Sutlive 1972; Jensen 1974），已清楚地呈現出：伊班族其實是一個流動、鬆散與平權的社會。依據這些民族誌的描述，我們可以將伊班族的基本社會組織原則摘要如下：伊班族的長屋聚落，是以個別家戶為主體所構成。每一個家戶居住在一個「居室」（*bilek*）中，通常的形態是包括父母與未婚的子女構成的核心家庭，但也可以發展成為包括祖父母、一名已婚子女及其配偶、未婚子女

加上孫子女的主幹家庭。家戶是擁有財產的單位，在經濟活動上擁有完全的自主性。不論是出生、收養或婚入的成員，只要仍然居住在這個bilek中，就有分享家戶財產與資源的權利。家戶財產——包括旱田、休耕中的再生林、米糧、陶壺、銅鑼、琉璃珠等寶物，以及所居住的 *bilek* ——可以由任何一名子或女繼承，婚後居處的形態也隨之呈現出從夫居與從妻居機率相等的局面。成年的同胞之間或者兩代之間的齟齬，往往造成分家，一對以上的已婚同胞更是鮮少共同居住在一個*bilek*中。分家時除了「祭穀」（padi pun）和磨刀石（*batu pemanggol*）之外，都按照同胞的數目盡量等分。新成立的家戶，可以選擇在長屋的一端有空地的位置，另建新的bilek，或者在已經他遷的家戶原來*bilek*的位置，建築自己的*bilek*，也可以透過任何一條雙邊親屬關係的聯繫，加入其他的長屋。

一座長屋的形成，通常是由一小群彼此具有比較親密雙邊親屬聯繫的家戶開始，這一個家戶群遷入一個尚無人耕作或占有率仍低的區域後，就建立起一座長屋，彼此的*bilek*相連。這些創始的家戶，以及這些bilek的繼承人，就形成了這座長屋的「核心」（core group）。伊班族的禁婚範圍在平輩間只及於同胞，由一從表（first cousin）開始不只不禁婚，而且還是優先（preferred）的擇偶範圍。二從表（second cousin）以上甚至允許不同行輩之間的婚姻。在理念上，長屋不但不是外婚的單位，還是受到鼓勵的內婚範圍。隨著人口成長，子女分家，新增的bilek使長屋向兩端延伸。在這個過程中，如果這座長屋的位置良好，土地資源豐富，社會關係和諧，就會有來自其他長屋而且和本屋既有成員有親屬關係的家戶前來加入。相反的，也會有個別家戶因為各種的原因遷離。一座長屋以一位男性的「屋長」（*tuai rumah*）為領袖。屋長的職位是由整座長屋的家戶經過討論產生共識推選的，人選往往但非絕對來自創始的核心家戶，婚入者也同樣具有資格。雖然兒子接替父親或女婿接替岳父成為屋長的例子相當常見，但基本上並沒有「繼承」的理念在

內，而是純粹以個人能力爲依歸。由於長屋本身並不擁有共同的財產，而涉及長屋整體的事務一概需要經由討論獲得共識做爲決策機制，屋長最重要的能力是必須嫻熟傳統習慣法（adat），足以在糾紛時（在長屋其他資深成員的協助下）擔任仲裁，除此之外，在公共事務決策上的權威其實非常有限。

在布洛克王朝第二任「拉者」（Rajah）Charles Brooke（在位期間1868-1917）的時代，基於伊班族傳統上同一支流流域的各個長屋往往具有較爲親密的親屬關係，並且在有必要時形成攻守同盟的慣例，於是沿用馬來蘇丹宮廷的 Temenggong 與 Penghulu 等頭銜，由民政官（Resident）針對一定範圍內的長屋，依據個人聲望、能力等標準，經徵詢各屋長的意見後，任命一位 Penghulu 做爲區域性（往往對應於一條支流）的領袖；而對於更大的區域（往往對應於一條主要河流），在幾位 Penghulu 之上，再依據同樣的原則，任命一位 Temenggong 做爲「總領袖」。這個制度沿用至今，這些領袖在現代的政黨政治中，仍然發揮著一定的作用（Jawan 1994: 49-53）。

除了旺盛的擴張力，複雜的遷移史，熱帶雨林中的山田燒墾生計，雙邊（bilateral）或血親（cognatic）的親屬原則所形成長屋社會組織的流動、平權特徵，以及家戶的自主性之外，研究者（例如Freeman 1992; Sutlive 1978; Kedit 1993）更指出：和這整套社會經濟現象相容的伊班族的文化價值，表現出的就是高度的個人主義與進取心。D. Freeman (1992: 47, 129)直接用「個人主義」（individualism）來形容伊班族的價值觀。V. Sutlive (1978: 102-113)則進一步將伊班族的文化價值列舉包括：「自足性」（self-sufficiency）、「合作與競爭」（cooperation and competition）、「平等主義」（egalitarianism）與「機動性與機會主義」（mobility and opportunism）等主要旨趣。自足性除了強調從小訓練個人的

自立外，更重要的是家戶在經濟（特別是農耕）上的自給自足。在農作的換工以及長屋基本結構的建築上，伊班族都表現出合作以及「以公眾決議為依歸」的精神，但是另一方面，競爭的精神又幾乎貫穿了伊班族社會生活的所有層面：在農作上，家戶之間比賽開墾的面積、工作時間的長短與收穫的數量；在長屋的建築上，家戶之間也會就各自 bilek 所用的建材質地與施工品質暗中較勁。在這幾個精神的作用之下，就形成了伊班族以成就取向為主的平等主義：每一個人依其能力獲得應得的報酬或社會肯定，而每一個人也同樣都有表達意見、決定自己未來的權力。個人能力成就畢竟有所不同，在伊班族社會中，個人之間、親屬之間或者家戶之間因為忌妒猜疑齟齬以致難以相處的局面並不罕見。而整個長屋聚落成員也就像家戶成員一樣，舊成員的出走與新成員的加入，都是經常性的現象。雖然長屋的團結與戶數的增加，多少也被視為是整個長屋以及屋長個人的一種道德成就，但個人或家戶在衡量利弊得失之後所做的去留決定，基本上都會受到社會的尊重，並不會被認為是違背道德或習俗的行為。

Peter Kedit (1993: 22) 在其對於伊班族男性制度化的「遊歷」（bejalai）的研究中指出：長屋的居住方式讓伊班族既便於擴張，又足以自衛；長屋內部的社會生活講究合作與平等，暴力行為主要對外，內部的人際衝突則必須用和平的手段解決。伊班族的孩童在社會化過程中，既被教導團體生活的價值，更要學習對他人權利的尊重。雖然有農作上換工的習俗，但在經濟活動上，每一個家戶都是自己的主人，獨自享受報酬、承擔成敗。同時，伊班族人清楚的認知到自己與他人的事務間有一條不應踰越的界線。這種價值觀，固然給予伊班族相當的自由度，讓個人與家戶容易掌握時機，選擇最有利的時機接受新的事物，不論是新的作物、生產方式，還是全新的生涯規劃。傳統農閒季節男性外出狩獵、獵頭、貿易或開疆闢土的 bejalai 習俗，在新的社會經濟環境中，也就很自然的轉換成為包括出國留學、參與鑽油或移居都市成為白領階級等新的「冒險與遊

歷」;但是，也使得伊班族人本身彼此間不容易形成有規模企業形態的經營組合。

伊班族的移居尼亞、蘇埃河流域以及「張」長屋的建立

「張」長屋（Rumah Chang）座落於砂勞越的第四省（Fourth Division）尼亞河（Btg. Niah）右岸支流當鱷河（Sg. Tangap）的右岸。目前要前往Rumah Chang 有兩條主要路線。第一條完全是陸路：由第四省首府美里（Miri）通往民都魯（Bintulu）的「美民」公路往西南行進，大約60公里處右轉進入砂勞越農業部實驗農場的產業道路，在蜿蜒的土石道路上再行進大約15公里，先經過廣大的農業試驗場與油棕芭（油棕園），就開始進入Rumah Chang港的耕地範圍，間雜的有較小規模新種植的油棕、半放棄狀態的胡椒園，坡地上的山田（hill rice or *padi bukit*）以及廣大低窪而平坦的澤田（swamp rice or *padi baya*）。再前行大約4公里，就可以到達長屋的前門入口。但是由於離開美民公路後，就沒有固定的大眾交通工具行駛，目前只有擁有汽車或摩托車的居民，才能經常性地由這條路線出入，進城購物或前往政府機構洽公。除此之外，農地恰好分布在道路兩旁的居民，也都經由這條道路下田工作。第二條是Rumah Chang 一般居民比較經常使用的出入交通路線：由美里或民都魯搭乘巴士前往石山（Batu Niah），在美民公路上距離美里96公里，距離民都魯118公里的地方轉進石山路，再行11公里，就來到位於尼亞河左岸石山鎮的巴剎（市集pasar）。由巴剎的碼頭可以搭乘載客的小汽艇，下行約3公里，抵達尼亞國家公園的碼頭。由右岸登陸後，再沿著國家公園搭建的木板步道，行走3公里，就可以越過當鱷河，自Rumah Chang的「後方」進入聚落。長屋中大多數的男女老少，包括中學生，都是經常由這條路線出入，前往石山鎮的巴剎出售農產品、燕窩、就醫、就學或購物娛

樂。Rumah Chang 的周遭環境中，除了交通路線之外，對於居民社會經濟生活影響最大的，應該就是「尼亞—蘇比士山塊」（Niah-Subis Massif）。尼亞—蘇比士距離海岸約16公里，是一座第三紀中新世的石灰岩山塊，最高峰稱為蘇比士山（Gunong Subis），標高390公尺。山塊的北北東方受到切割形成一處峽谷，峽谷的東北方山塊中形成了一座總面積10.5公畝的巨大石灰岩洞，稱為「大洞」（Great Cave）。大洞的西側入口為頂高61公尺，寬243公尺，具有4,000 B.P.至2,000 B.P.的人類活動遺址。峽谷的東南方，則有另一處較小的岩洞，因發現新石器時代的壁畫與墓葬，而被稱為「壁畫洞」（Painted Cave）。除了考古價值之外，整座尼亞—蘇比士山塊包括「大洞」在內的許多石灰岩洞洞頂，都有學名 *Aerodramz Maximus* 的燕子築巢，這種燕窩在華人市場上具有高度的經濟價值。洞內有數以萬計的燕子與蝙蝠居住，地面自然就累積了豐厚的鳥糞（guano），具有做為肥料的價值。在1974年，整座尼亞—蘇比士山塊被劃為國家公園，距離「大洞」僅一公里路程的 Rumah Chang 正落在國家公園界限之外。國家公園為 Rumah Chang 的居民帶來了少許的方便（例如連接尼亞河碼頭的木板步道與少許遊客的飲食生意）以及若干的不便（最主要的是電纜無法由鄰近的巴剎及公園管理處穿越保護區抵達長屋，由公路穿過油棕芭牽入距離過遠成本過高，因此 Rumah Chang 至今尚無供電，僅在夜間靠各家自備的柴油發電機發電），但是包括「大洞」在內，整座山塊的許多石灰岩洞所支持的燕窩產業，卻對 Rumah Chang 居民的社會經濟生活，以及社群的發展，產生了重大的影響。

根據 Benedict Sandin（1957）探訪到一位 Penghulu Manggoi 口述伊班族人由第二省移居到尼亞河流域的經過，這批移民的祖先最初都是 Skrang 河流域的居民，在1870年代曾經參與在著名的伊班族領袖 Lang Ngindang 旗下和布洛克的部隊對抗。Lang Ningdang 和他的部眾於1879年在 Nanga Bunu 受到挫敗之後，

就在Skrang河與Kanowit河的分水嶺Stulak山頂負隅頑抗。布洛克因為得到其他Saribas河與Skrang河的伊班族領袖協助，輕易再次擊敗了Lang Ngindango。Lang Ningdang不願在第二省的首府Simangong向布洛克投降，因為在那裡他必須面對同樣或鄰近流域的舊識（也就是宿敵）——那些協助布洛克打敗他的其他伊班族領袖。Lang Ningdang選擇前往第三省，位於拉讓江上的詩巫（Sibu）向布洛克的官員投降，並且被罰繳納10個古老的陶罐，做為歸順的抵押品。Lang Ningdang於是和部眾就近在拉讓江支流Entabai河沿岸定居下來。在那裡，已經有同樣來自第二省Skrang與Saribas河流域，在1861年就被布洛克擊敗的伊班族人居住，他們混居在一起。到20世紀初年，因為人口增長而耕地開始不足，有一些人開始向木茄河（Btg. Mukah）、大道河（Btg. Tatau）與民都魯（Bintulu）等地甚至峇南河（Btg. Baram）流域遷移。這個時代，布洛克政府已經日益慎重的考慮限制伊班族的遷移，但是仍然有許多的伊班族人申請移居到人煙比較稀少的蘇埃（Suai）、尼亞（Niah）、馬來奕（Belait）與林夢（Limbang）等河流域。

這一段歷史，可以和Rumah Chang的口傳相印證。根據現任屋長Chang Ugop（時年60）的口述，他們最早居住在拉讓江（Btg. Rejang）支流Entabai河與Julau河流域一帶。在祖父Baliy的時代離開拉讓江流域。遷移到目前民都魯（Bintulu）附近的大道河（Btg. Tatau）流域居住，當時已經是布洛克（the Brooke）時代了。後來由於感到當地的土地不好，在現任屋長的父親Ugop Baliy的帶領下，由大道河遷到目前的石山鎮（Batu Niah）巴刹稍微下游一點的地方居住，當時的長屋名叫Rumah Basango，目前Rumah Chang所在的位置，原來是本地普南人（Punan）的活動範圍，Ugop時常和普南人交往獲得他們的信任。到1939與1940年間（日本人到來之前不久），Rumah Basang長屋分裂，Ugop向布洛克政府申請獲得許可，就帶領了13戶家人，搬到這裡建立長

屋，稱為Rumah Ugopo。由最初的13個門，發展到現在成為102個門，都是原來13家的子女繁衍，有許多外來的人婚入，但是沒有整個bilek家戶遷入的。目前整個Rumah Chang有591人。

對於不論是外來的訪客、附近其他聚落的伊班人或馬來人、巴刹的商家，還是Rumah Chang本身的居民而言，這座長屋有兩個公認的特點：第一是非常的大，也就是說戶數極多；第二是非常有錢，整座長屋整潔新穎，許多家戶都擁有電視、冰箱、音響等電器用品，甚至機動車輛，此外，更有兩家人擁有冷氣機。

目前的Rumah Chang於1995年改建完成，有兩座造型、格局、建材幾乎一模一樣的長屋，面對面平行矗立。各有38個門（即家戶）。另外，有26戶散居在周間，有些是獨立單戶的家屋，有些則三、兩戶相連，或者獨立兩戶之間的空地正有人在興建另一戶，準備連成3戶的小「長屋」。在Rumah Chang居民本身的看法中，散居在周圍的家戶主要是因為兩座長屋的兩端都已經沒有空地，必須另外覓地建屋，在身分與社會參與上，毫無疑問仍然是這個「長屋」的居民。但是，不像真正構成長屋的76家，在bilek的格式、面寬、高度甚至門面的色彩上，乍看之下幾乎完全標準化。這些散居的家戶，建築格式及品質不一，有些更為精緻豪華，有些則簡陋得多。雖然有一位報導人表示，這些不加入長屋而選擇散居的家戶，有些就是不願意受到統一格式的限制，或者相反的因為財力未逮，無法達到長屋一致的要求（這點下文還會討論），但這個意見並沒有得到其他的佐證。大多數人的說法都是純粹空間不足，8年前改建時，舊有各家戶都是在長屋中bilek原來的位置重建，較新的家戶就自然散居在外。不論是38個門還是102個門，就伊班族的標準而言，都已是相當大的長屋。20世紀中葉，D. Freeman (1992: 61-62)在Baleh河流域的調查，絕大多數（62%）長屋的門數是在10到20之間。即使時隔近半世紀，在定居的條件下，Rumah Chang

張長屋的外觀。

張長屋的走廊 ruai 與整齊的電扇。

所在的「尼亞蘇埃鎮治」（Niah-Suai Sub-district）轄下的40座長屋，平均的門數也不過是37.5，Rumah Chang的門數之多居於全鎮之冠。

燕窩與「張」長屋

Rumah Chang能夠保持這樣大的聚落，在地方政府官員與鄰近聚落居民眼中，多少可以歸功於屋長處事公正。尤其是在現時最容易引起利益分配不均而造成長屋分裂的因素，就是木材公司或是油棕公司為了取得土著聚落所擁有的傳統土地範圍內的林木開採權或經營權，通常都是透過Temanggong、Penghulu及屋長等地方領袖向全體居民遊說獲得同意。而在協商過程中，地方領袖是否能夠維護全體居民的權益，讓公司提供的權利金由全屋居民公平分享，還是在居間協調的過程中偏袒公司一方，再收取回扣中飽私囊。在10多年前，木材公司開始大量開發Rumah Chang土地範圍內的林木時，據說屋長Chang都是讓商人直接和所有居民當面溝通談判，因此被認為相當清廉公正。Rumah Chang本身的居民，對於自己的環落規模，也相當自豪。當外人造訪，誇獎長屋美觀現代化時，屋長和居民會略帶謙虛的指出：「在全鎮（Sub-district）的長屋競賽中，我們才得第三名，其他長屋有更現代化，用料設備更好的。但是我們長屋的優點是：我們的年輕人都在，沒有因為經濟發展了，就到都市去謀生，或者搬到都市裡去住。」當問到為什麼年輕人都留在家中時，屋長明快的回答：「我們不需要到都市去，因為有一個都市就在我們旁邊。」他指的就是生產燕窩的尼亞山洞——居民豐厚的現金收入來源。

目前Rumah Chang兩座長屋的建築整齊而美觀，除了前後出入口的公用木梯寬敞且有雨棚遮蔽之外，每家前廊的外面也都建了統一

格式的木梯方便出入。前廊（*ruai*）約20尺寬，完全沒有行列柱的支撐，每家戶都在門前自己的範圍鋪上不同花色的塑膠地布，取代了傳統的草蓆或藤蓆。絕大多數家戶的前廊天花板上，都裝了白色的吊扇。每個家戶居室（*bilek*）面寬略有不同，由12到15尺都有。正面的牆板都由同一色系的木條構成，設有規格相當統一但有兩、三種變化的玻璃窗及木門。每間*bilek*縱深70至80尺，分隔為客廳、2至3間臥室、儲藏空間、天井、廚房兼餐廳、工作間以及最後面露天的曬台（*tanju*），沙發、被褥、櫥櫃、桌椅、燈具、壁飾一應俱全。

長屋的改建是在1990年前後由屋長發起的，他在參觀了民都魯附近幾間現代化的長屋後，決定向其他居民提出改建的想法。經過全屋討論後，獲得接受，並且同意屋長所推薦的兩位民都魯的伊班族建築師繪圖，統一全屋的設計與風格。設計費每戶170馬幣。討論之中，雖然各家戶都同意在統一的格式下改建，表示各家也都有一定的財力基礎，但畢竟不是每一家手頭上都有完工所需的全部經費。因此全體居民又形成了一個默契，就是利用3年的時間，讓有需要的各家人分頭去賺錢。在這段時間裡，除了前往汶萊或美里，在油井或建築工地工作之外，最主要的現金收入，仍然是來自尼亞山洞燕窩產業的相關工作。資金籌妥之後，在1994年開始改建，費時一年完成。改建的過程中，各家戶基本上都是各自獨立作業的，依據共同的設計圖，建築自己的*bilek*，然後彼此銜接。有些人完全自己施工，也有人雇請專業的木匠；有些人擁有的土地上仍然有足夠合用的樹木，因此自己砍伐木料，運往石山巴剎的木板廠加工裁切為所需的尺寸，也有木料不足的，完全向木材廠購買。總計下來，每家戶花費的現金從20,000馬幣到60,000馬幣不等。當被誇讚長屋美觀新穎、格式統一時，屋長Chang仍然是謙虛中透露著自滿的說：「建築本身不能說是最好的啦！但是我們長屋的優點是：全體居民一起完工。不像有些長屋，一部份完工了，中間還空著幾家人，只有骨架。」

其實，按圖施工的長屋給外人第一印象中的統一性，在進一步的觀察與居民私下的閒談中就呈現出差異。看似統一的門、窗與 bilek 正面的牆面木板，其實都有款式、材質與價格上的出入。有些居民也可以毫不費心（但多半不會很公開）地向訪客介紹：「這家的牆面用的是 mengudih 木，價格普通，一噸大約800馬幣；這一家用的是 kras kekin，就比較好也比較貴，一噸要1,000多馬幣；再下一家用的是 lice，也沒什麼，一噸800多馬幣……」而對於誰是全 Rumah Chang 最富有家戶，居民們也幾乎有一致的看法：就是裝了空調的那一家，「他們家的發電機也比較大，要15馬力的才能推動空調，我們的都只有7馬力。」也就是說，在追求長屋集體生活，統一改建格式的共識，以及同一時間完成的驕傲之下，家戶之間競賽比較的精神，仍然存在於 Rumah Chang 伊班族人的社會生活基調之中。

Rumah Chang 的居民大多同意，改建長屋的財力主要來自燕窩相關工作的收入。雖然在5年前，燕窩產量開始大量減少，收入大不如前。旱田除稻米外，主要的經濟作物胡椒的價格近年也大幅滑落，居民在屋長的帶頭下，很快的將大量胡椒園改種油棕，在兩年前開始收成，目前以擁有20英畝土地，種植1,000株油棕的家庭為例，扣除開銷後，每月可以淨收入大約300馬幣。但是和居民口中10年前燕窩工作收入每月將近1,000馬幣的水準相比，仍然經常要感嘆是今不如昔。而我們要瞭解 Rumah Chang 今天改建得美輪美奐的長屋，以及在鄰近地區居民眼中「富甲一方」的聲望與地位、背後的經濟基礎，就不得不討論到尼亞山洞的燕窩產業。

有關砂勞越的燕窩產業歷史與在地的生產關係，我在另一篇文章（蔣斌 2000）中有初步的介紹，現在將尼亞的部份摘述如下：

> 尼亞地區最早的居民是普南人（Punan）。這些普南人由原游獵改為定居之後，就居住在現在 Rumah Chang 所在的當壠

河口（Kuala Tangap）一帶，但後來改信伊斯蘭教，採取獨立屋的村落而非長屋的居住形態，逐漸在他人眼中以及自稱都成為馬來人，不再自稱普南人，而後更有許多人移居到附近其他的聚落，甚至搬到美里市或一百多公里之外的民都魯市，聚落形同解體。第二次世界大戰之後，砂勞越政府要求岩洞的所有權人根據「燕窩條款」登記產權。目前整個岩洞的不同部份，都登記由不同的普南／馬來家族所有。

但是，由於普南／馬來洞主不善經營，或者因爲長期向華人商家賒欠，目前尼亞岩洞群中燕窩採收的實際權利，已經由個別洞主，依照所有權區域的大小，以及燕窩產量的多寡，以每年10,000至20,000馬幣的代價，質押或出租給華人商家，通常租期10到15年。然而這些華人頭家自己並不從事採收的工作，眞正採收的工作，是由華人頭家雇用的其他族群勞工擔任。

由於尼亞岩洞內部高度往往超過60公尺，要能夠從洞頂的岩壁及煙囪狀巢穴（chimney）中刮取燕窩，首先必須登高。採收者通常至少兩人一組，一名攀登並負責刮取燕窩者稱爲 *tukang julok*，另一名負責在地面撿拾被刮落的燕窩者稱爲 *tukang pungut*。要登高接近洞頂，首先需要由地面竹子樹立竹桅杆，攀爬到達洞頂時，將硬木 *belian* 木條曳上竿頂，尋找洞頂岩壁縫隙，將木條兩端插入岩壁，形成一條橫樑。然後將另一條硬木條由橫樑上垂下，木條與木條之間不用捆綁，而是用同樣的硬木做木釘互相榫接。如此將數條硬木相接，垂到接近地面2公尺處，稱爲 *tiang*。在 *tiang* 的頂端，攀登者再利用岩壁縫隙架設若干交錯的橫樑做爲立足之處，然後就可以開始刮燕窩的工作。攀登的採收者用小鐵鏟自燕窩的下方附著岩壁處向上刮削，就可以讓燕窩脫離岩壁，落到地面後由 *pungut* 負責撿拾。

張長屋的油棕園。

張長屋採收的油棕子即將運送往榨油廠。

但是，目前進入尼亞的主洞（「大洞」），除了偶爾可以看到攀爬採收燕窩的 *julok* 在工作之外，還可以看到另一個特殊的景象，就是在深入洞穴之後，漸行漸暗，定睛看去可以看到岩洞深處黑暗中散布著的微弱油燈火光，有時還傳出吉他伴唱的年輕歌聲，這些就是長期輪班駐守燕洞的守衛，稱為 *Jaga*。由於尼亞交通便利，位置開放，岩洞的範圍又過於廣大，燕窩遭竊情況嚴重。因此承包的華人商家雇工除了採收之外，每一個特定的所有權區域，都還雇有至少一名守衛。這些採集、撿拾與守衛的人力，主要都是來自周圍的長屋與馬來甘榜（*kampong*，即村落），有時也有非法入境的印尼勞工參與，但有很高比例的人力，就是來自距離岩洞最近的 Rumah Chang。

燕窩生產鼎盛時（大約在1980年代中期以後到1990年代初），Rumah Chang 的居民，除了少數老弱，幾乎所有的男性都以家戶為單位，受雇於華人頭家，擔任看守及採收燕窩的工作。但是受雇的方式，並不是以整個長屋為單位，而是有不同組合的家戶群，受雇於不同的頭家。以最大的一個工作群來說，包括42個家戶，這42家以3人一班，一天兩班輪流看守及採收的工作。按照政府規定，應該是一年採收3次，但實際上目前幾乎每個月頭家都會要求採收不同的區域，一個月沒有收成，頭家就會抱怨。每次採收的燕窩，由這42家和華人頭家對分，如每收10公斤，由頭家得5公斤，工作群的42家合得5公斤。頭家不另外付給工資。燕窩價錢最好的時期，是在1988年到1990年之間，當時每一公斤可以賣到1,000馬幣，而當時每一次採收，可以到達40公斤左右。依照這樣的計算方式，在1988至1990年的3年間，每一家每月大約可得400至500馬幣，最高時曾有一個月收入1,000馬幣的記錄。

其實，按照砂勞越政府對於燕窩採收的規定，以及華人商家與雇工之間原本的安排，採收者與守衛者的工作時間與性質是截然不同

的。按照政府的規定，一年只有3次，每次延續一個月的採收期。在採收期間，在主管部門的監督下，採收者（多數是有經驗的好手）進入洞中工作。在非採收期間，便雇請守衛輪班看守。採收者與守衛的酬勞也不相同。但自從1980年代末以來，由於市場競爭激烈，華人雇主往往不待合法的採收期，就要求採收者私採。同時，擔任守衛工作者，也私下習得了攀爬採收的技術。因此逐漸形成了雙重盜採的情形，一方面是擁有合法採收權的華人商家在合法採收季節之外要求julok或Jaga在自己的範圍內濫採，另一方面是包括受雇的守衛、純粹的盜採者以及守衛的親戚朋友，少量盜採受雇守衛範圍內的燕窩，帶到巴剎賣給其他的華人收購裔，一次賺取20至30元馬幣的零用錢。整個局面相當程度地退化為叢林法則，在生態保育上，當然是殺雞取卵的作法。

就比例上來說，在燕窩產業的分工中，Rumah Chang的居民完全沒有人擁有洞穴的產權或採收權，而是純粹的雇工。在擔任工作的性質上，又以擔任守衛較多，較少資深合法的攀爬採集者。但是，除了華人商家之外，和鄰近其他受雇工作的長屋居民相比，甚至是和原始燕洞產權所有人的普南／馬來人相比，Rumah Chang的居民都是在燕窩產業中受惠最大的一群人。這些現金的收益，固然是以家戶為單位，但Rumah Chang的居民更把這些收益投資到長屋社群集體的表徵上，也就是改建了這一幢令人稱羨的新的長屋。但是，在巴剎主要擁有燕窩採收權的華人商家，以及若干附近其他長屋資深攀爬採集者，卻不約而同地指出：自從第二次世界大戰之後，燕窩固然一向享有一定的國際市場與價格，但利潤並不是特別的高。而採收季節的規定，與洞穴區域的產權與採收權，也都受到各族群人士相當的尊重，很少聽說有盜採的事情發生。大約1975年以來，燕窩盜採風氣氾濫，始作俑者其實正是Rumah Chang的居民。他們得地利之便，最初申請執照入洞挖採鳥糞，對山洞地勢熟悉了之後，又逐漸觀察而學會了採收燕窩的技術，便開始肆無忌憚

鄰近地區其他伊班族長屋外觀。

鄰近地區其他伊班族長屋走廊（ruai）。

地盜採燕窩起來，直接賣給巴剎的收購者。1985年情況日益嚴重，華人商家也會求助於政府，進行封洞追查盜採者，但受到Rumah Chang居民武裝對抗，1980年代末期開始，不得不和Rumah Chang和解協調，轉成雇工全天候守衛，而Rumah Chang的居民又順理成章地受雇擔任守衛的工作，分享了這個新創造的就業市場大餅中的一大部份。

對於這段歷史背景，Rumah Chang的居民則有截然不同的觀點。一位報導人回憶早年燕洞的情形時說：「以前馬來人是洞的主人，我們伊班人可以自由地到洞中拿任何東西。但是他們把洞租給華人之後，我們就不能自由去拿了。必須要做julok或者Jaga才有錢賺，變成苦力（coolie）了，不做苦力就沒有錢。伊班族人以前可不是馬來人的苦力！」

歷史記憶中的長屋與區域體系中的「張」長屋

利用以上討論伊班族遷移歷史與長屋社群組織特性的文獻資料，以及Rumah Chang遷移、發展、改建的過程，我希望呈現出伊班族長屋做為一個社群，所表現出來的兩個特性。這兩個特性當然不是伊班族長屋社群特性的全部，但我希望藉由這兩個特性的討論，豐富我們對於「社群」多樣性的認識。

第一個特性是，傳統伊班族長屋在頻繁的遷徙，加上雙邊、流動、平權及個人主義的組織原則下，在歷史記憶中的不穩定性。在傳統游耕的生計形態下，以及尚無政府約束之前，伊班族長屋在遷徙之餘往往更會經歷頻繁的分裂與重組過程。其中有一個耐人尋味的現象，就是在基本的平權精神下，長屋的命名，卻是以屋長的個人名字來命名的。因此Freeman研究的Rumah Nyala就是因為當時

的屋主名爲 Nyala，而本文所討論的 Rumah Chang 也是因爲現任的屋主名爲 Chang。這種命名方式，使得長屋做爲一個社群，不只在遷徙分裂重組中具體的呈現出不穩定性；即使是長期定居一地，沒有經歷大規模的現實中的分裂與重組，也會因爲屋長的更迭而改變名稱。Rumah Chang 在 1960 年代的官方文書、地圖上，已經位於現址，但是稱爲 Rumah Ugop，因爲當時的屋長，恰好也是現任屋長的父親，名爲 Ugop。相反的，Freeman 研究的 Rumah Nyala，即使在人群的結合上與地理位置上，仍然維持若干程度的延續性，但那個長屋十之八九已經不稱爲 Rumah Nyala 了。更何況我們也無法預期這樣組成或地理位置的延續性。由於長屋名稱隨屋長而更迭，因此在口傳歷史中，長屋也就無法做爲一個穩定的參考點。伊班族口傳歷史中的主體只有個人，而個人的社會背景，只有用居住的河流、支流與地名來交代。例如 Skrang 河的 Tanjong 地方的 Sigat。雖然同一個河流或支流的族人團結行動的故事屢見不鮮，但長屋卻幾乎從來沒有被記憶爲行動的主體，也沒有做爲個人出生來歷的背景。由這點來看，雖然前廊所提供的社群或社區生活的個性極爲明顯，而伊班族人本身也念茲在茲地表達出對這種社群生活風情的珍惜，但我認爲伊班族的長屋做爲一個社群，基本上表現出很強的「無常性」（ephemerality），它的意義在於當下社群生活的滿足與實現，而非做爲歷史記憶中的地標。歷史記憶中穩定的地標，只有個人與地理元素（例如河流）。

第二個特性，是以 Rumah Chang 爲例，顯示出伊班族長屋社群與區域貿易體系之間的連結。Rumah Chang（當時稱之爲 Rumah Ugop）在遷移到現址的時候，和這個區域內的其他長屋相比，並不算大，只有 13 個門，但是由於位置得天獨厚，不但沒有分裂，還發展成爲今天的超過 100 個門，而且在物質條件上超人一等，主要的原因當然就是燕窩產業所帶來的收益。但是我們探討燕窩產業與 Rumah Chang 社群發展之間的關係就可以看出，一個原本從事山

田燒墾的「部落」社會，在面對資本主義區域商品經濟體系的籠罩時，雖然並不是完全被動而無奈的受到宰制，也不能說是得到新商品經濟運作原則的精髓，展開充分而良好的適應。而是兩者間展開一段互動的過程，最後在區域商品生產關係上，以及地方社群的再現上，都留下了彼此的影響。長屋中的伊班族，發現生活環境內特定資源的商品價值，但是在開發從事貿易時，卻正面遭遇了業已穩固的契約壟斷制度。伊班族人的反應，幾乎就像是一個世紀之前，爲了反抗歐洲殖民勢力對島嶼東南亞自由商業壟斷所採取行動的再版——訴諸「海盜」行爲。盜採的結果，迫使華人商家面對情勢雇用守衛，Rumah Chang 的居民毋寧是用自己的行動爲自己創造了一個特殊的人力需求、就業市場。與這個區域貿易體系之間因初步互動而得利，讓 Rumah Chang 的居民累積了相當的財富，這份實力讓他們躍躍欲試，希望將財富展現在傳統的伊班社群生活的核心表徵——長屋——之上（民都魯的伊班族能，我們也能）。但是傳統重視集體生活加上個別家戶彼此競爭的文化價值，促使他們在得到了統一設計的共識之後，又產生了「三年分頭賺錢」的默契，讓錢已經足夠，但希望蓋得更講究的人能夠得償所願；也讓力有未逮的人，有機會迎頭趕上，「輸人不輸陣」，至少在表面上和長屋的左右鄰居具有一樣的規格。但是這個爲了要興建統一規格的長屋而激發的賺錢運動，又加劇了對於燕窩產業的剝削——在1991到1994年間，更多的人在監守自盜與季節外濫採的灰色地帶更積極地活動。最後造成尼亞燕窩產量可能無法復原的衰退景況。

在現代政府的定耕定居政策下，流動分裂重組頻繁的伊班族長屋可能已不復見，但是隨著屋主更迭而改名的習俗仍然不會更改。若干年之後，Rumah Chang 也就不再稱爲 Rumah Chang 了。以往以現世爲主具有核心意義但在物理性上「無常」的長屋社群形態，可能也會在國家的政策下，轉變成爲仍然以現世爲主同樣具有核心意義但在物理性上「比較穩定」的長屋社群形態。但這種相當根本的無常

性，加上伊班族的個人主義競爭精神，可能仍然會刺激著伊班族人和各種區域性或者全球性的體系之間，展開活潑且雙向的對話與互動關係。

註

1 本文田野工作由中央研究院「亞洲季風區高地與低地的社會與文化」主題計畫以及「東南亞研究計畫」支援經費，於1999年9月與2000年10月進行。田野調查期間得到林開忠博士與砂勞越博物館的 Anyie Won 先生極為可貴的協助，特此致謝。

2 5個「核心觀念」為：「社群」（community）、「權威」（authority）、「地位」（status）、「神聖」（the sacred）以及「異化」（alienation）（Nisbet 1967）。

3 依照 Appadurai (1995: 204)的用法：鄰里指的是實存的社會形式，在鄰里之中，為一種觀念面向或價值的「在地性」（locality）得以實現。在這個用法中，鄰里就是有所座落的社群（situated communities），其特色是在空間上（spatial）或效力上（virtual）具有實存性（actuality），同時它具有社會再生產的潛能。

4 伊班族長屋習慣上以屋長（選舉產生的領袖）的個人名為長屋的名稱，本文田野地點的屋長目前為 Chang Ugop，其中的"Chang"和華文名「張」並無關聯，本文稱為「張」長屋，純為音譯。

5 人口數據引自 http://www.e-borneo.com/infoborneo/sar-demo.html.

6 馬來語稱長屋為 rumah panjang，"rumah"為「屋」，"panjang"即「長」之意。伊班語之「長」則為"panjai"。

參考書目

Chapter 1 │ 臺灣排灣族的家屋與社會構成

中央研究院民族學研究所

2003　番族慣習調查報告書第五卷：排灣族，臺灣總督府舊慣調查會，臺北南港：中央研究院民族學研究所。

末成道男〔黃耀榮譯〕

1973　臺灣排灣族的《家族》罘村贈與老大的習俗，以 pasadan 為中心，東洋文化研究所紀要第59冊，pp: 1-87。〔中央研究院民族學研究所譯稿〕

石磊

1971　筏灣：一個排灣族的民族學田野調查報告，中央研究院民族學研究所專刊第21號，臺北南港：中央研究院民族學研究所。

何翠萍

2011　人與家屋：從中國西南幾個族群的例子談起，張江華、張佩國編，區域文化與地方社會：「區域社會與文化類型」國際學術研討會論文集，上海：學林。

李壬癸

1979　從語言的證據推論臺灣土著民族的來源，大陸雜誌59(1): 1-14.

芮逸夫

1989　人類學辭典，雲五社會科學大辭典第十冊，臺灣：商務。

許功明

1993　排灣族古樓村喪葬制度之變遷：兼論人的觀念，黃應貴編，人觀、意義與社會，臺北，南港：中央研究院民族學研究所。

1995　排灣族古樓村頭目系統來源與繼承的口傳，排灣族古樓村的祭儀與文化，臺北：稻鄉

移川子之藏〔黃麗雲譯〕

1935　高砂族系統所屬之研究，臺北帝國大學，臺北〔中央研究院民族學研究所譯稿〕。

陳奇祿

1974　「臨時臺灣舊慣調查會」與臺灣高山族研究，《臺灣風物》24（4）: 9-12。

蔣斌

1984　排灣族貴族制度的再探討：以大社為例，中央研究院民族學研究所集刊第五十五期，頁1-48。

1999　墓葬與襲名：排灣族的兩個記憶機制。黃應貴編，時間、歷史與記憶。臺北南港：中央研究院民族學研究所。

蔣斌、李靜怡

1995　北部排灣族家屋的空間結構與意義，黃應貴編空間、力與社會，臺北南港：中央研究院民族學研究所。

鄭瑋寧

2000　人、家屋與親屬：以 Taromak 魯凱人為例。國立清華大學人類學研究所碩士論文。

劉斌雄

1975　日本學人之高山族研究，中央研究院民族學研究所集刊第四十期，頁5-18。

衡惠林

1958　臺灣土著社會的世系制度，中央研究院民族學研究所集刊第五期，頁1-44。

1960　排灣族的宗族組織與階級制度，中央研究院民族學研究所集刊第九期，頁71-108。

Carsten, Janet and Stephen Hugh-Jones eds.

1995　*About the House: Lévi-Strauss and Beyond*, Cambridge: Cambridge University Press

Chiang, Bien

1993　*House and Social Hierarchy of the Paiwan*, unpublished PhD Dissertation, University of Pennsylvania.

Cunningham, Clark

1964　"Order in the Atoni House", *Bijdragen tot de Taal-, Land- en Volkenkunde* 120: 34-68

Davenport, William

1959　"Nonunilinear Descent and Descent Groups", *American Anthropologist* 61: 557572.

Errington, Shelly

1989　*Meaning and Power in a Southeast Asian Realm*, Princeton: Princeton University Press

Firth, Raymond

1957　"A Note on Descent Groups in Polynesia", *Man*, 57: 4-7

Fox, James ed.

1980　*The Flow of Life, Essays on Eastern Indonesia*, Cambridge, Massachusetts, Harvard University Press

1993　*Inside Austronesian Houses: Perspectives on Domestic Designs for Living*, Canberra: The Australian National University.

Goodenough, Ward

1955　"A Problem in MalayoPolynesian Social Organization", *American Anthropologist* 57: 7183.

Headley, Stephen C.

1978　"The Idiom of Siblingship: One Definition of House Societies in South-East Asia", in C. Macdonald ed. *De la hutte au palais : sociétés "à maison" en Asie du Sud-Est insulaire*.

Izikowitz, K. G. and P. SØrensen eds.

1982　*The House in East and Southeast Asia: Anthropological and Architectural Aspects*, London: Curzon Press

Levi-Strauss, C.

1969　*The elementary structures of kinship* / translated from the French by James Harle Bell, John Richard von Sturmer, and Rodney Needham, editor, Boston: Beacon Press

1982　*The Way of the Masks*, English translation by Sylvia Modelski, Seattle: University of Washington Press

1987　*Anthropology and Myth: Lectures 1951-1982*, English translation by Roy Willis, New York: Blackwell

Maine, Sir Henry S.

1986[1861]   *Ancient Law*, New York: Dorset Press

McKinnon, Susan

1991   *From a Shattered Sun: Hierarchy, Gender, and Alliance in the Tanimbar Islands*, Madison: The University of Wisconsin Press.

Shneider, David M.

1984   *A Critique of the Study of Kinship*, Ann Arbor: The University of Michigan Press

Tang, Mei-chun

1966   "The Property System and Divorce Rate of the Lai-I Paiwan, Taiwan", *Bulletin of the Department of Archaeology and Anthropology*, National Taiwan University, No. 28: 45-52.

Waterson, Roxana

1990   *The Living House: an Anthropology of Architecture in South-East Asia*, Singapore: Oxford University Press.

Chapter 2 │ 從口述到書寫的歷史

Bauman, Richard & Charles L. Briggs

1990   "Poetics and Performance as Critical Perspectives on Language and Social Life", *Annual Review of Anthropology* 19: 59-88

Bauman, Richard & Joel Sherzer ed.

1974   *Explorations in the Ethnography of Speaking*, Cambridge: Cambridge University Press

Chiang, Bien

1993   *House and Social Hierarchy of the Paiwan*, unpublished PhD Dissertation, University of Pennsylvania

Goody, Jack

1977   *The Domestication of the Savage Mind*, Cambridge: Cambridge University Press

Hanks, W. F.

1989   "Text and Textuality", *Annual Review of Anthropology* 18: 95-127

Hymes, Dell

1974   *Foundations in Sociolinguistics: an ethnographic approach*, Philadelphia: University of Pennsylvania Press

Matsuzawa, Kazuko

1989   *The Social and Ritual Supremacy of the First-Born: Paiwan Kinship and Chieftainship*, unpublished PhD Dissertation, Syracuse University

末成道男〔黃耀榮譯〕

1973   臺灣排灣族的《家族》罘村贈與老大的習俗，以 pasadan 為中心，東洋文化研究所紀要第59冊，pp: 1-87。〔中央研究院民族學研究所譯稿〕

松澤員子

1976 (1986) 東部族宗族親族ta-djaran（一條路）概念（張燕秋等譯），黃應貴編，臺灣土著社會文化研究論文集，臺北，聯經。

許功明

1994 排灣族古樓村的祭儀與文化，臺北，稻鄉。

蔣斌

1983 排灣族貴族制度的再探討：以大社為例，中央研究院民族學研究所集刊，55: 1-48。

蔣斌、李靜怡

1995 北部排灣族家屋的空間結構與意義，黃應貴編，空間、力與社會，臺北，南港。

Chapter 3 │ 砂勞越的旱田、澤田與水田

尹紹亭

1991 一個充滿爭議的文化生態體系：雲南刀耕火種研究。昆明，雲南人民出版社。
2000 人與森林：生態人類學視野中的刀耕火種。昆明，雲南教育出版社。
2008 遠去的火山：人類學視野中的刀耕火種。昆明，雲南人民出版社。

蔣斌

2002 「張」長屋（Rumah Chang）：一個砂勞越伊班族的長屋社群、歷史與區域貿易關係初探。社群研究的省思，陳文德、黃應貴主編。臺北：中央研究院民族學研究所。

Bellwood, Peter

1995 "Austronesian Prehistory in Southeast Asia: Homeland, Expansion and Transformation", in Peter Bellwood, James Fox and Darrell Tryon eds. *The Austronesians: Historical and Comparative Perspectives*, Canberra: The Australian National University
2007 *Prehistory of the Indo-Malaysian Archipelago*, Canberra: The Australian National University E Press.

Boserup, Ester

1965 *The Conditions of Agricultural Growth: The Economics of Agrian Change under Population Pressure*, New York: Aldine.

Burling, Robbins

1965 *Hill Farms and Padi Fields: Life in Mainland Southeast Asia*, New Jersey: Prentice Hall.

Conklin, H. C.

1961 "The Study of Shifting Cultivation", *Current Anthropology* 2: 27-61.

Freeman, J. D.

1955 *Iban Agriculture*, London: Her Majesty's Stationery Office
1991 *The Iban of Borneo*, Kualu Lumpur: S. Abdul Majeed & Co. Publishing Divison

Freid, Morton

1967 *The Evolution of Political Society*: An Essay in Political Anthropology, New York: Random House.

Hanks, Lucien M.

1972   *Rice and Man: Agricultural Ecology in Southeast Asia*, Honolulu: University of Hawaii Press.

Harrisson, Tom

1959   *World Within: a Borneo Story*, London: The Bresset Press.

Hill, R. D.

1979   "Tribal and Peasant Agriculture, Fisheries", in R. D. Hill ed. *South-East Asia: A Systematic Geography*, Kuala Lumpur: Oxford University Press.

Hose, Charles and William McDougall

1993[1912]   *The Pagan Tribes of Borneo*, Singapore: The Oxford University Press.

Janowski, Monica R. H.

1988   "The Motivating Forces behind Changes in the Wet Rice Agricultural System in the Kelabit Highlands", *Sarawak Gazette* Vol. CXIV No. 1504: 9-20.

Jensen, Erik

1974   *The Iban and Their Religion*, Oxford: Clarendon.

Kedit, Peter

1993   *Iban Bejalai*, Kuala Lumpur: Ampang.

Padoch, Christine

1978   *Migration and Its Alternatives among the Iban of Sarawak*, Ph.D Thesis, Columbia University.

Redfield, Robert

1956   *Peasant Society and Culture*, Chicago: University of Chicago Press.

Reid, Anthony

1988   *Southeast Asia in the Age of Commerce: 1450-1680, Volume One: The Lands below the Winds*, New Haven: Yale University Press.

Sauer, Carl O.

1952   *Agricultural Origins and Dispersals*, New York: The American Geographical Society.

Spencer, J. E.

1966   "Shifting Cultivation in Southeastern Asia", University of California Publications in *Geography* Vol. 19. Berkeley: University of California Press

Sutlive, Vinson H. Jr.

1978   *The Iban of Sarawak. Arlington Heights*, Illinois: AHM Publishing

Winzeler, Robert L.

2011   *The Peoples of Southeast Asia Today: Ethnography, Ethnology, and Change in a Complex Region*, New York: Altamira.

Wittfogel, Karl

1957   *Oriental Despotism: A Comparative Study of Total Power*, New York: Vintage Book.

Conley, William
1973   *The Kalimantan Kenyah: a Study of Tribal Conversion in Terms of Dynamic Cultural Themes*, Pasadena, California: Fuller Theological Seminary.

Galvin, A. D.
1972   *On the Banks of the Baram*, Singapore: Boys' Town.

Hose, Charles and William McDougall
1993[1912]   *The Pagan Tribes of Borneo*, two volumes, Singapore: Oxford University Press.

Kedit, Peter M.
1992   "The Iban of Sarawak: a Cultural Heritage", Itroduction to Edric Ong Pua: *Iban Weavings of Sarawak*, Kuching: Society Atelier Sarawak.

Lévi-Strauss, Claude
1963   "The Effectiveness of Symbols", in *Structural Anthropology*, Claire Jacobson and Brook Brundfest Schoepf trans., Middlesex: Penguin Books.

Metcalf, Peter
1974   "The Baram District: a Survey of Kenyah, Kayan and Penan Peoples", *Sarawak Muyseum Journal* special monograph no. 2, vol. 22, no. 43: 29-42.
1976   "Birds and Deities in Borneo", *Bijdragen tot de Taal-, Land- en Volkenkunde* 132:96-113.
1991   *A Borneo Journey into Death: Berawan Eschatology from its Rituals*, Kuala Lumpur: S. Abdul Majeed & Co.

Needham, Rodney
1979   "Percussion and Transition", in William A Lessa and Evon Z. Vogt eds. Reader in Comparative Religion: an Anthropological Approach, New York: Harper & Row.

Rousseau, Jérôme
1998   *Kayan Religion: Ritual Life and Religious Reform in Central Borneo*, Leiden: KITLV Press.

Tambiah, Stanely J.
1985   "A Performative Approach to Ritual", in *Culture, Though, and Social Action: an Anthropological Perspective*, Cambridge: Harvard University Press.

伊永文
1997   明清飲食研究，臺北，洪葉。

江蘇新醫學院
1986   中藥大辭典，上海，上海科學技術出版社。

邱炫煜
1993   「明初與南海諸蕃國之朝貢貿易」，中國海洋發展史論文集第五輯，臺北，南港，中央研究院中山人文社會科學研究所。

李東華
1984   「宋元時代泉州海外交通的盛況」，中國海洋發展史論文集，臺北，南港，中央研究院三民主義研究所。

林永匡、王熹
1990   清代飲食文化研究：美食、美味、美器，黑龍江教育出版社。

李建民
1996   「『婦人媚道』考：傳統家庭的衝突與化解方術」，新史學7（4）：1-32。

李誠祐
1968   中國藥物學實用研究，臺北，文光。

張燮
1962   東西洋考，臺北，正中。

曹雪芹
1983   紅樓夢，臺北，桂冠。

許鴻源
1980   中藥材之研究，臺北，新醫學。

賈銘
1988   飲食須知，北京，人民衛生出版。

趙學敏
1971   本草綱目拾遺，香港，商務。

Abu-Lughod, Janet L.
1989   *Before European Hegemony: The World System A.D. 1250-1350*, New York: Oxford University Press

Appadurai, Arjun
1986   "Introduction: Commodities and the Politics of Vallue", in Arjun Appadurai ed. *The Social Life of Things: Commodities in Cultural Perspective*, Cambridge: Cambridge University Press

Blussé, Leonard
1991   "In Praise of Commodities: An Essay on the Cross-cultural Trade in Edible Bird's Nests", in Roderich Ptak and Dietmar Rothermund eds. *Emporia, Commodities and Entrepreneurs in Asian Maritime Trade, C. 1400-1750*, Stuttgart: Franz Steiner Verlag

Cranbrook, Earl of

1984   "Report on the Birds' Nest Industry in the Baram District and at Niah, Sarawak", in *The Sarawak Museum Journal XXXII* (54):146-70

Chu Chin Onn

1964   "Birds' Nests: Sarawak All-Cure", in *Sarawak Gazette* No. 1280: 259

Fogden, Michael

1964   "Cave Swiftlets and Birds", in *Sarawak Gazette* No. 1280: 259-61

Harrisson, Barbara

1958   "Niah's Lobang Tulang: 'Cave of Bones'", in *The Sarawak Museum Journal* VII (12): 596-619

Kopytoff, Igor

1986   "The Cultural Biography of Things: Commoditization as Process", in Arjun Appadurai ed. *The Social Life of Things: Commodities in Cultural Perspective*, Cambridge: Cambridge University Press

Leh, Charles M. U.

1993   *A Guide to Birds' Nest Cavs and Birds' Nests of Sarawak*, Kuching: The Sarawak Museum

Low, Hugh

1848[1988]   *Sarawak*, Singapore: Oxford University Press

Medway, Lord

1957   "Birds' Nest Collecting", in *The Sarawak Museum Journal* VII (10): 252-60

Nicholl, Robert ed.

1990   *European Sources for the History of the Sultanate of Brunei in the Sixteenth Century*, Bandar Seri Begawan: The Brunei Museum

Read, Bernard

1982[1932]   *Chinese Materia Medica*: Avian Drugs,Taipei: Southern Material

Sahlins, Marshall

1988   "Cosmologies of Capitlism: the Trans-Pacific Sector of the World System", in *Proceedings of the British Academy*, LXXIV: 1-51

Saunders, Graham

1994   *A History of Brunei*, Kuala Lumpur: Oxford University Press

Sandin, Benedict

1958   "Some Niah Folklore and Origins", in *The Sarawak Museum Journal* VIII (12): 646-62

Taussig, Michael T.

1980   *The Devil and Commodity Fetishism in South America*, Chapel Hill: the University of North Carolina Press

van Leur, J. C.

1955   *Indonesian Trade and Society: Essays in Asian Social and Economic History*, The Hague: W. van Hoeve Publishers Ltd.

Warren, James F,

1981   *The Zulu Zone1768-1898: The Dynamics of External Trade, Slavery, and Ethnicity in the Transformation of a Southeast Asian Maritime State*, Singapore: Singapore University Press.

Chapter 6 │ 「張」長屋（Rumah Chang）

蔣斌
2000 岩燕之涎與筵宴之鮮：砂勞越的燕窩生產與社會關係。刊於第六屆中國飲食文化學術研討會論文集。臺北：中國飲食文化基金會。

Abu-Lughod, Hanet
1989 *Before European Hegemony: The World System A. D. 1250-1350,* New York: Oxford University Press.

Appadurai, Arjun
1995 "The Production of Locality", In *Counterworks: Managing the Diversity of Knowledge.* Richard Fardon, ed. London: Routledge.

Freeman, Derek
1992 *The Iban of Borneo*, Kuala Lumpur: S. Abdul Majeed & Co.

Hall, Kenneth R.
1985 *Maritime Trade and State Development in Early Southeast Asia*, Honolulu: University of Hawaii Press.

Jawan, Jayum A.
1994 *Iban Politics and Economic Development: Their Patterns and Change,* Bangi: Penerbit Universiti Kebangsaan Malaysia.

Jensen, Erik
1974 *The Iban and Their Religion*, Oxford: Claredon.

Josselin de J ong, P. E. de
1984 A Field of Anthropological Study in Transformation, In Unity in *Diversity: Indonesia as a Field of Anthropological Study*, P. E. de Josselin de Jong, ed. KITLV Verhandelingen 103. Dordrecht and Cinnaminson U. S. A.: Foris.

Kedit, Peter M.
1993 *Iban Bejalai*, Kuala Lumpur: Sarawak Literary Society.

Nisbet, Robert A.
1967 *The Sociological Tradition*, New York: The Basic Books.

Padoch, C.
1978 *Migration and Its Alternatives among the Iban of Sarawak*, Ph.D. Thesis, University of Columbia.

Redfield, Robert
1955 *The Little Community*, Chicago: University of Chicago Press.

Reid, Anthony
1988 *Southeast Asia in the Age of Commerce 1450-1680: Volume One, The Lands Belowthe Winds*, New Haven: Yale University Press.
1993 *Southeast Asia in the Age of Commerce 1450-1680: Volume Two, Expansion and Crisis*, New Haven: Yale University Press.

Sandin, Benedict
1957 "The Sea Dayak Migration to Niah River", *Sarawak Museum Journal* 8(10): 133-35.

1967   *The Sea Dayaks of Borneo: Before White Rajah Rule*, East Lansing: Michigan State University Press.

Sutlive, Vinson H.

1978   *The Iban of Sarawak. Arlington Heights*, Ill: AHM Publishing Corporation.

Vayada, Andrew P.

1969   "Expansion and Warfare among Swidden Agriculturalists", in *Environment and Cultural Behavior: Ecological Studies in Cultural Anthropology*, Andrew P. Vayda, ed. New York: The Natural History Press.

Wolters, O. W.

1982   *History, Culture, and Region in Southeast Asian Perspectives*, Singapore: Institute of Southeast Asian Studies.

家屋、貿易與歷史

臺灣與砂勞越人類學研究論文集

作者	蔣斌
發行人	王長華
執行編輯	林芳誠
編輯審查	國立臺灣史前文化博物館出版品編輯委員會
文字校對	林康美
出版單位	國立臺灣史前文化博物館
地址	950263臺東縣臺東市博物館路1號
網址	https://www.nmp.gov.tw/
電話	089-38-1166

編輯製作	蔚藍文化出版股份有限公司
社長	林宜澐
總編輯	廖志墭
編輯	王威智
全書設計	黃祺芸
地址	110408臺北市信義區基隆路一段176號5樓之1
電話	02-2243-1897
臉書	https://www.facebook.com/AZUREPUBLISH/
讀者服務信箱	azurebks@gmail.com

總經銷	大和書報圖書股份有限公司
地址	24890新北市新莊區五工五路2號
電話	02-8990-2588
法律顧問	眾律國際法律事務所　著作權律師　范國華律師
電話	02-2759-5585　　網站　www.zoomlaw.net

印刷	世和印製企業有限公司
定價	新臺幣430元
ISBN	978-986-532-789-7
GPN	1011200131
初版一刷	2023年4月

國家圖書館出版品預行編目（CIP）資料

家屋、貿易與歷史：臺灣與砂勞越人類學研究論文集／蔣斌作. -- 初版. -- 臺東市：國立臺灣史前文化博物館，
2023.01
　面；　公分
ISBN 978-986-532-789-7（平裝）

1.CST: 文化人類學 2.CST: 社會人類學 3.CST: 文集 4.CST: 臺灣 5.CST: 砂勞越

541.307　　　　　　　　　　　　　111022321